THE ENERGY BOOK

50 WAYS TO BOOST YOUR ENERGY IN WORK AND LIFE

精力管理书

50种激发精力和轻松工作的方法

[英] 理查德 · 马多克斯（Richard Maddocks）著
何怀瑾 译

電子工業出版社
Publishing House of Electronics Industry
北京 · BEIJING

版权贸易合同登记号 图字：01-2020-3581

图书在版编目（CIP）数据

精力管理书：50 种激发精力和轻松工作的方法 /（英）理查德 · 马多克斯（Richard Maddocks）著；何怀瑾译. —北京：电子工业出版社，2021.9
书名原文：The Energy Book: 50 Ways to Boost Your Energy in Work and Life
ISBN 978-7-121-41703-0

Ⅰ. ①精… Ⅱ. ①理… ②何… Ⅲ. ①自我管理—通俗读物 Ⅳ. ① C912.1-49

中国版本图书馆 CIP 数据核字（2021）第 153764 号

责任编辑：杨洪军
印　　刷：北京捷迅佳彩印刷有限公司
装　　订：北京捷迅佳彩印刷有限公司
出版发行：电子工业出版社
　　　　　北京市海淀区万寿路173信箱　　邮编100036
开　　本：880×1230　1/32　　印张：8.125　　字数：208千字
版　　次：2021年9月第1版
印　　次：2024年5月第2次印刷
定　　价：65.00元
凡所购买电子工业出版社图书有缺损问题，请向购买书店调换。若书店售缺，请与本社发行部联系，联系及邮购电话：（010）88254888，88258888。
质量投诉请发邮件至zlts@phei.com.cn，盗版侵权举报请发邮件至dbqq@phei.com.cn。
本书咨询联系方式：（010）88254199，sjb@phei.com.cn。

赞誉 PRAISE

很多年以前我刚认识理查德的时候，我就觉得他是个能够在个人幸福和精力领域给他人带来诸多启发的人。一直以来他锲而不舍地帮助他遇到的每个人寻找幸福。

——迪克·麦克伦菲德，Hot Item运营主管

我和理查德已经认识超过15年了。多年以来，我经常请他帮助我的团队进步。每次经过他的指导后，我的团队与之前相比，在精力和工作热情度上都获得了极大的提升。他是少数真正理解如何提升人们精力和工作热情度的人。

——威廉·范·恩特，OutSystems平台
EMEA分部副总裁

理查德对于帮助他人释放潜力的热忱配合他丰富的工作经历，不论是对个人、团队还是机构都能带来巨大的积极影响。和他共事非常令人充满活力。

——博尔特·博尔斯，SAS Institute副总裁

在他告诉我他要写这本书很久之后，理查德终于实现了他的诺言。我由衷地为他，以及所有有幸阅读了这本书并因此受益的读者感到高兴。高精力水平对于释放更多潜能至关重要。

——阿诺·狄培文，Royal Dutch Sales创始人

前言 INTRODUCTION

恭喜你终于翻开了本书。本书包含了50个可以让你不费吹灰之力便在生活和工作中充满活力的方法。

生活中的方方面面都在不断消耗你的精力，因此，你一定要想办法去提升并更好地管理你的精力水平！

多年来，我一直在为实现这个目标而努力，在这个过程中我发现，要想实现这个目标其实并不困难。只要按照我说的去做，你也可以做到高效管理体内的精力。

在字典中，个人/人类精力通常被定义为“持续进行身体或精神活动时所需要的力量和能量”。这可能是大多数人在思考诸如“我有多少精力”或者“我怎样才能更好地提升或管理我的精力呢”之类的问题时所想的。

这个定义无疑是一个很好的起点。然而，在审视你的精力水平时，对四种类型的精力我们必须特别关注：生理精力、情绪精力、精神精力、目标精力。

这四种类型的精力通常会以金字塔的形式呈现出来。

当你在考虑如何提升并且更好地管理全身的精力，以便在工作和生活中可以产生更大影响力时，请牢记，每种类型的精力都是同等重要的。

- 生理精力与你感觉精力的量有关。
- 情绪精力则决定了精力的质量。
- 精神精力在于你能多好地集中精力。
- 目标精力是影响你精力水平的关键因素。

如果想要让身体完全充满活力，并且释放出体内更多潜能的话，那么，确定并坚持去做那些可以让你提升并保持这四种类型精力水平的事情。当你能做到这一点后，生活的各个方面都会变得更充实、更有活力、更有效率。

你可以从金字塔的底部逐步向上获取每层相对应的精力。当你的生理精力很充沛的时候，提升情绪精力的水平是很容易的；当你的情绪精力水平良好时，你便可以更有效地提升你的精神精力，以此类推。

然而，人体内的精力是自上而下作用的。当目标精力强大时，它会增强你的精神精力、情绪精力和生理精力，从而提供更多的影响。

下面我通过对这四种类型精力更详细的阐述来进一步解释上述内容。

生理精力：我们都需要营养、锻炼、睡眠和放松。这是人类生存条件必需的一部分。这些成分中的每一种都为其他精力的提升和有效利用奠定了坚实的基础。

情绪精力：大多数人在情绪上最坚强，以及能够平衡各种情感的时候表现得最好。一般来讲，在生理精力较高的时候，人更容易在情绪上表现得刚毅、坚强。换句话说，就是身体强壮的人内心也会更强大。当你通过识别增加和损耗情绪精力的事物从而不断地为正能量充电时，你就能获得情绪的力量和平衡。之后可以采用简单的方法堵住你的精力漏洞，并把注意力集中在积极的方面。

精神精力：当你的情绪精力水平良好时，更容易建立和管理你的精神精力。你的思维更清晰、更有逻辑性，你的思维更少受到噪音和负面情绪的干扰。这样你就可以更容易地将分心和干扰的影响降到最低，从而能够完全集中精力专注于你正在忙的事情上。

目标精力：当日常生活活动与你真正看重和关心的事物一致时，它会给你一种意义和目标感。这反过来又能让你更好地集中注意力，体验到更多积极的情绪精力，表现出更大的毅力，并感到身体充满活力。提升目标精力需要你花时间思考并明确你的优先级，按照你的核心价值观生活。

关于精力水平的一个有趣的事实是：你可以不断地给自己充电，让自己时刻保持精力满满的状态。本书旨在提供一些简单的方法来帮助你做到这一点，使你能够更有效地去管理体内这四种类型的精力。

但是话说回来，为什么管理体内的精力很重要呢？

多年来，我一直在观察和研究精力与获得幸福生活的能力之间的潜在关系。毫无疑问，当你精力充沛的时候，你的生活就会更快乐、更充实。你可以让事情按照你希望的方式发生，无论是对自己还是对他人。无论你对成功的定义是什么，你都能更好地掌控自己生活的方方面面，并取得更大的成功。

谁不想过这样充实又有意义的生活啊？

在阅读本书的时候你会发现，书中的许多想法都与你有直接的联系。你一定会惊喜地意识到，快速提升你的精力原来如此容易。

不采取行动就不会取得进展。俗话说："如果你一直重复做你之前做过的事，你就只能得到你之前得到过的结果。"

一旦开始使用书中提到的精力提升器（一章是一个精力提升器），你就会注意到你生活中的各个方面的精力都提升了。你会发现世界变得更和谐、更平衡了，而后你便会体验到更多的快乐。与此同时，你会觉得自己已经做好准备，能够迎接遇到的任何挑战。

但是，只有不断地练习学过的东西，使它们成为良好的日常习惯，就像刷牙那样，你才能体验到长久有效的效果。

享受运用精力提升器的过程，让你变成控制自己精力水平的主人吧！这不仅是一个有趣的旅程，还可以帮助你实现你一直以来梦寐以求的改变。

如何使用这本书

本书旨在提供短小、易于阅读、能快速帮助你改变人生的技巧和建议。

每个精力提升器都是相互独立的，所以你完全可以分开阅读它们。每周阅读并践行一个精力提升器，就可以帮助你提升四种精力中的一种或多种（生理、情绪、精神、目标）。

你也可以不按顺序去随机选择一个精力提升器来实践，选择哪一个取决于你想要提升的特定精力类型：在目录中，写明了每个精力提升器的精力类型。

大多数精力提升器的目的是为读者提供额外的精力。它们中的一些旨在减少精力损耗，以帮助人们停止不必要的浪费，留下更多精力用于其他事情。

与大多数个人发展领域的书籍一样，你在翻看目录时便会立刻感觉到自己与其中一些概念有着与生俱来的联系，而其他的部分却可能在此时此刻并不适合你。无视那些阻力，顺从你的内心，对你喜欢的建议采取行动，至于其他的就留到下次吧。

本书中的许多概念对你来说可能是新的，有些则是常识，但其中大多数可能并未在你的日常生活中得到践行。

知识能够给人带来真知灼见，提高人的自我意识。它是变革和进步的起点。然而，只有采取了不容置疑的一步，能够做到将知识运用到实践中，你才能真正从知识中受益。

这就是为什么50个精力提升器中都包含了我建议去尝试的做法、想法和简单易行的练习。只要做到定期练习，它们就会成为你日常生活中不可分割的习惯。

我建议按照以下方法之一去使用本书：

- 按顺序阅读，每周一个精力提升器，并在那周努力实践书中建议的行动。
- 按顺序阅读并标记与你相关的页面，然后在你准备好时执行。
- 随机打开书中的某一章并实践书中的建议。
- 浏览目录，阅读那些吸引你的章。
- 通过精力类型，选择某类精力提升器的相关章节进行阅读。

我强烈建议你把本书带在身边，这样你就可以在喝咖啡或午休的时候读（或者重读）一章。你还可以和另一个人分享或探讨其中的一个精力提升器，在交换想法后就立即开始实践书中建议的行动，让你能够随时给自己“充电”，保证自己的精力时刻都是满的。

无论选择哪种方法来使用本书，我都希望你能够从精力提升器中获得你需要的东西。激励自己，采取行动，你一定会对结果感到高兴的。

目录 CONTENTS

第 1 章

给你的精力充电

	负向精力	正向精力
高水平精力	生存区	绩效区
低水平精力	倦怠区	恢复区

精力矩阵区

你的手机里有一块充电电池。如果你没有定期给它充电的话，会发生什么呢？结果当然是，电量逐渐被耗尽，手机最终停止工作。不过幸好在电池电量不足的时候，手机会给你发出警告，提示你要给它充电。

你的身体和思维的工作机制与手机一模一样。正如我在本书前言中提到的，人有四种类型的精力：生理精力、情绪精力、精神精力和目标精力。就像你每天都要给手机充电一样，每天给这四种精力充电也是绝对有必要的。如果不这样做，那么过一段时间后，你就会发现你的身体和精力都开始变得衰弱，不再像最开始那样配合你的工作了。如果这种情况持续太久的话，你就会发现，自己莫名其妙地就精疲力竭了。用不了多久，你的精力就被耗尽了。

人们在最开始接收到这些预警信号的时候通常并不会意识到信号背后的含义，也没有对这些信号采取行动。用不了多久，人们就会开始感到身体疲劳，越来越烦躁和沮丧，无法集中注意力，感觉“只是在漫无目的地做事情”。

精力区矩阵是一种让你能够更好地理解这一点的方法。精力区矩阵一共有四个区域：绩效区、恢复区、生存区、倦怠区。首先请想一想，上周你在每个区上各花费了多少时间，把你的回答写下来。

最理想的情况是，你将所有时间都花在了绩效区和恢复区上。不过我想在现实里，你我都很难遇到最理想的情况。一般来说，大多数人都会在生存区花费大量的时间。

想要改变这种情况，你可以试着大幅增加你在恢复区花费的时间。只要这样做，你就可以将更多的时间花在绩效区上，这样一来，在其他两个区花费的时间自然就会减少。为了留出更多的时间让自己恢复精力，你在工作中最好做到至少每90分钟就进行一次短暂休息，在休息的空档还可以试着进行以下一项或多项活动：

- 在空气新鲜时户外散步（5~15分钟）。
- 喝杯咖啡/茶/水，和同事闲聊（5~10分钟）。
- 把你的脚放在桌子上，放空自己（5~10分钟）。

（不要试图寻找问题的解决方案，仅仅让你的思想游离就好。）

- 去楼梯间、在楼梯上走或跑（5分钟）。
- 看一些有活力的图片（5~10分钟）。
- 腹式呼吸（1~5分钟）。
- 靠着墙做一些俯卧撑（1分钟）。
- 做一些放松练习（1~10分钟）。
- 花点时间反思你的“生活目标”（15分钟）。
- 给好朋友打个电话，聊聊天。

- 播放一些音乐（5~10分钟）。
- 每2~3小时吃点健康的东西。

我相信你很快就会发现，除了躺在床上小憩，其实在做很多事情的过程中你都可以让自己得到休息。只要每天做几件能让你得到休息的事情，你就会发现，自己忽然变得一整天都精力充沛，而不像过去那样刚开始上班就打瞌睡。当然，你的工作绩效也会随之提高。

第 2 章

精力审计

本章的目的是告诉你，如何去更好地管理和提升四种精力的水平。为了管理你的精力水平，最重要的是，先评估一下它们当前的状况。所以，让我们用1~4来衡量你当前的精力水平。

生理精力

生理精力与你体内的精力是否充足有关：

1=介于全空到1/4空之间

2=介于1/4空到1/2满之间

3=介于1/2满到3/4满之间

4=介于3/4满到全满之间

那么，你现在的水平是多少？

情绪精力

情绪精力主要与你精力的质量有关：

1=主要是消极的想法/感觉/情绪

2=消极情绪多于积极情绪

3=积极情绪多于消极情绪

4=主要是积极情绪

那么，你会给今天的情绪精力打几分呢？

精神精力

判断精神精力水平的标准，是你能够多好地把注意力集中在你正在做的事情或者将要发生的事情上：

1=注意力完全分散

2=注意力分散多于集中

3=注意力更加集中而不是分散

4=注意力完全集中（像激光那样全部集中在同一个点上）

你目前的精神精力得分是多少呢？

目标精力

在判断这种精力水平时，首先要考虑的是你对自己做过的每件事的尽心和投入程度：

1=完全没有尽心/没有投入

2=未尽心程度多于尽心程度

3=尽心程度多于未尽心程度

4=完全尽心/投入

你会如何评价你的目标精力水平呢？

现在把这四种精力水平的分数加在一起，就可以得到一个总的精力分数。

如果分数在13分以上，那么你显然处于体内精力多到快溢出来的状态。你的精力管理能力是十分优秀的，因为你的精力水平足以让你充分发挥自己的才能。

10~12分表明你精力充沛。你的精力管理技能很高，但还不足以使你的才能得到充分发挥。所以，再接再厉，要努力去提高你的精力管理水平，这将使你收益颇丰。

如果分数是8分或9分，那么你的精力水平表现平平。你身上一定有某些尚未意识到的障碍在妨碍你充分发挥自己的才能。为了在工作和生活中有更好的表现，你必须大幅提高你的精力管理技能。

如果分数低于8分，那么很遗憾，我不得不说你现在的精力水平令人失望。你的精力水平严重拖累了你去自由地发挥自身的才能。如果这样的精力水平持续一段时间的话，你的健康、快乐和工作效率将受到非常严重的影响。如果这种情况长期持续下去，最终你就会感到“身体被掏空了”。

无论总分是多少，我都建议你去回顾一下你的四种精力的单项分数，并思考如何去提高它们。

可以采取哪些具体的行动来让你的每种精力水平提高1分呢？

我建议你每隔几个月就进行一次精力审计。

月份	生理精力	情绪精力	精神精力	目标精力	总分	改善措施
3						
6						
9						
12						
…						

第 3 章

醒来

你早上是怎么醒来的？

你是像弹簧一样，闹钟一响就立刻从床上蹦起来，内心感到“哇，活着真好！又是全新的一天等着我去享受，我一定会让今天所有的事情都按照我的计划去发展”？

还是被闹钟唤醒后，你满怀怨气，非常不情愿地从被窝里爬出来，心里带着一丝沉重的感觉，想“又来了，又得熬过一整天”？

我想，像大多数人一样，你可能处于这两种情况的中间，每一天都有着不一样的情况。

我想问你一个问题：你想不想更像弹簧那样充满精力地起床？你是否愿意充满乐观、活力和生活乐趣去迎接新的一天？

应该没有人不想开开心心地迎接每一天吧！

如果你不这么想，我建议你现在停止阅读。你最需要做的是联系心理治疗师，而不是阅读这些建议。

对于那些愿意并希望充满活力地度过新的一天的人，我有下列这些建议。

在你每天醒来、睁开眼睛之前，先让你的脑海萌生出一个强烈又积极的想法。例如：

- “无论发生什么，我都要好好享受今天。”
- “今天我要做的每件事都做到最好。”
- “我今天遇到的每个人都将从我身上获得很多正能量。”
- “今天是我生命中最重要的一天。”

我无法想象哪些人会在刚睡醒后，在潜意识里告诉自己：“我希望今天过得很糟糕。”如果不给自己一个积极的开始，在接下来的时间里，你就只能靠运气了。

本章建议的精力行动

选择一到两个对你有用的想法，在每天起床前都让它们浮现在你的脑海中。

我敢保证，只要这样，在你起床的时候，你就会有一股强烈的起床欲，并且一定会获得充满刺激和活力的一天。

第4章

一句奇妙的咒语

“我思故我在。”我相信你以前一定听过这句名言。

它是17世纪的法国哲学家笛卡儿提出的。从那时起，哲学家和科学家就一直在争论他这句话的正确性，尽管他们从未达成一致。

在这里，我不想探讨哲学上的问题。

相反，我想跟你分享一句有魔力的咒语，这句咒语很可能改变你的生活：

“我必将成为我想成为的样子。”

这句咒语就像群山那样古老。早在2世纪的时候，罗马帝国的皇帝马可·奥勒留就曾说过：“一个人的生活是由他的思想构成的。”

我们是人类——这意味着，我们可以通过改变自己的观念和态度来改变我们的生活。如果决定这么做，我们将拥有对自己生活的绝对控制权。

这种思维方式最重要的一点是，如果想要积极的结果，你就要积极地思考。而如果用消极的方式思考，你必然会得到消极的结果。

请记住：“你想成为什么样的人，就会成为什么样的人。”

让我来解释一下这句话是什么意思。你可以把人的心灵看作一个花园。

假设一个园丁有一块肥沃的土地。他可以在这块土地上种植任何他选择的植物。如果他埋下两粒种子，一种是美丽的花朵，另一种是丑陋的杂草。

会发生什么呢?

两者都将茁壮成长。因为土地是肥沃的，两粒种子都可以得到需要的养分，各自成长。

不过，杂草会长得更快。等到时机成熟了，它们就汲取更多的养分，让美丽的花朵枯萎。如果想让这些花朵茁壮成长，你需要给予它们一些帮助。

大脑和花园的运转方式完全一样。

大脑不会在乎你在里面种下了什么——无论是成功或失败的愿景，还是积极或消极的想法，抑或是明确的目标或困惑/恐惧/焦虑——对你的大脑来说，所有的想法都是一样的，无论好坏，都可以在你的大脑中尽情生长。

无论你种下什么种子，它们都会生根发芽，成长成熟，最后开花结果。你亲手播下的种子既可能长成充满热忱的积极态度，也可能变成吞噬无数精力的偏执！

本章建议的精力行动

所以，如果当消极思想进入你的大脑，在你的脑海中生根发芽，不断重复出现时，我建议你采取下列行动来补充体内的精力：

- 改变你的思维方式，改变你对自己说话的方式。例如，不要这样想：“我将很难适应这个新环境。”而要这样想：“在新的环境下我总要面对一些挑战，但我肯定可以想出解决的办法。”
- 自我探究刺激大脑中解决问题的区域，帮助你想出解决方案。

问自己这样的问题：

- 我怎样才能从不同的角度看待问题？
- 我如何才能充分利用这种情况？
- 如果没有这种消极思想，我会有什么感觉？

____

____

____

- 上网搜索"励志名言"，然后读一读。
- 写下此时此刻令你感激的三件事。

____

____

____

- 微笑。

这么做，你就可以给大脑中积极的想法的种子播洒丰沛的雨露、温柔的呵护和关怀。积极的种子终将长成参天大树，结出能为你的精力水平带来积极影响的果实！

第 5 章

正能量循环

从我记事起，人们就一直在问我："你是怎么做到一直都这么积极乐观的？""你从哪里获得的这些能量？"

他们希望听到的是某种神奇的公式，想要从我这里得到打开通往积极乐观心态之门的万能钥匙。

当然，保持乐观背后的秘诀并没有那么简单。没有什么事情是可以在开始的时候就立刻让你变得充满正能量的。

要想让自己充满正能量，你需要从很多方面着手。

虽然做一个乐观的人并不容易，但是我有一个非常简单的小窍门。这个窍门让每个人都可以不费吹灰之力就能成为管理和使用正能量的专家。

这个窍门简单得令人难以置信，但效果却好得出奇。

那就是微笑的力量。

为什么说微笑很简单呢？因为我们甚至不用专门下功夫去学习，天生就知道如何去笑。

微笑相比其他的表情只需要消耗很少的精力。微笑只需要你去调动17块面部肌肉，而皱眉则需要动用多达43块肌肉！

话说回来，为什么微笑的力量很强大呢？因为微笑可以为你创造出一个正循环的能量流动，意思是你可以向周围人传递正能量，而被你的乐观所感染的旁人则会用积极的态度来回报你，让你无须再因为周围人的负能量而烦恼。

所以，你的微笑不仅会向你周围人传递正能量，还会使你自身产生积极的能量和态度。

也许你在生活中早已发觉了微笑的功效：微笑的能量如此强大，你的每个微笑都能得到对方同等的回应。

获得正能量循环的步骤很简单：你冲着他人微笑，这个举动便会给予你和他人正能量；人们对你微笑，笑容便会给予他们和你自己正能量。就这样，你们可以照这个样子不断循环往复，每个人都可以时刻充满正能量。

不仅我们每个人都能轻松自然地微笑，令人惊奇的是，每个人还拥有美丽的微笑！

如果想迅速体验到微笑的效果，就别闲着了，现在就开始行动吧。走到镜子前，给自己一个大大的微笑。不用做其他多余的动作，安心享受微笑给你带来的正能量就好了。

本章建议的精力行动

每次你在镜子里或玻璃的反射中看到自己的时候——不论是在家、办公室、酒店、餐厅、商店，还是走路、跑步、坐着、站着——都可以抽空练习微笑。

微笑在短时间内就会给你带来积极的能量。练习的次数多了，你就会下意识地对周围人微笑，这样一来，你就可以不断地制造出正能量循环。

第 6 章

停止抱怨

我问你一个问题，请你务必如实回答："你曾经抱怨过什么吗？"

你当然抱怨过，因为这是人类的天性！如果我们在每次遇到困难时都可以得知真相的话，那么我想即使脾气最温和的人，偶尔也会压抑不住内心的怨气。

虽然我们都会时不时地抱怨，但是为什么有些人会抱怨得格外频繁？抱怨能让我们达到什么样的目的？

我认为人们抱怨的原因主要包含以下两点：

1. 人们想要让周围人注意到他们的失望和沮丧，认为与他人分享负能量可以减轻自己的负能量。

2. 人们相信，如果他们抱怨的时间足够长、声音足够大、次数足够多，其他人就有可能加入他们的"抗议"中，而众人的力量团结在一起最终可能使事情发生转机……也就是说，如果你和他人一起抱怨，就有可能改变那些使你沮丧的事情。

那么，现在请回顾一下这两种对待抱怨的态度所能够带来的不同结果。

和别人分享你的失望和沮丧并不会让你的快乐加倍。实际上，当你通过抱怨将你的负能量传递给别人时，只会让对方被你的负能量所感染，最后变得与你一样沮丧。

第二种态度——在改变事件进程方面的态度——则几乎从来没有达到人们对它预期的效果。根据历史的经验和教训，你的抱怨几乎没有可能对任何事情做出改变。

你是什么时候学会抱怨的？你也许没有意识到，但是极有可能是你的父母在无意中让你学会了抱怨。在你成长的过程中，你的父母很有可能屈服于你对冰激凌或糖果的渴望。为了吃到心心念念的美食，你学会了抱怨，然后逐渐演变成尖叫、哭泣或发脾气，直到最终如愿以偿。

这种行为会在你的大脑中留下永久的印记，让你在心里认定“爱哭的孩子有糖吃”。在生活中，你周围许多人时不时的抱怨也会令你耳濡目染，这些经历也会进一步加深你对“抱怨能够让人得到想要的结果”的印象。

实际上，抱怨简直是在白白浪费你的精力。通常来说，抱怨只会凭空消耗精力，完全不会产生任何效果。

与其终日抱怨，不如在遇到困难时以下面这两种方法来渡过难关：

- 要么改变那些让你抱怨的“事情”！
- 要么接受现状，继续你的生活！

接受这两种方法并不容易。运用它们需要高度发散的思维，以及满满的正能量。但是就像生活中的所有事情一样，熟能生巧——你练习得越多，做起来就越容易。

如果你能够经常按照这两种方法做，那么除了能够填补上你的精力漏洞，让自己不再为抱怨而浪费精力，你还可以对周围人产生强烈的积极影响。

本章建议的精力行动

- 写下两三件你最近一直在抱怨的事情。

- 做每一件事情的时候都要下定决心，这样你才能停止抱怨。要么“采取行动来改变这件事”，要么“接受这件事，让它变为既成的事实，然后继续前进”。

如果你定期这样做，不仅会防止一些精力泄漏，还会对周围人产生积极的影响。

第 7 章

你一定能得到想要的

在生活中，一定有很多人都给过你这条善意的忠告："你不可能每次都得到你想要的东西！"许多人对于这个观点都深信不疑，有人甚至为此专门创作了与该主题相关的书籍和歌曲。

现在回想起来，我的人生一直很幸运……从我出生的那天起，一位聪明又睿智的女性就一直对我讲："你可以实现任何你想做到的事。"——这位了不起的女性就是我亲爱的妈妈。虽然她已经度过她的第90个生日，而迄今为止，她仍然会对我和其他人说同样的话。

在"你可以实现任何你想做到的事"之后，她总是会补充一句："有时候你必须非常努力地工作才有可能实现自己的目标！"这是她传授给我的另一条非常重要的价值观。

在这里，我不想耗费过多的篇幅来谈论我自己，我真正感兴趣的是你。毕竟，本书的重点在于帮助各位读者补充体内的精力，而不是展示我过去的经历。所以，请你仔细思考一下，在你的脑海中有哪些事情是你想要在生活中实现的，而其中有哪些事情会令你异常渴望它变为现实。

我敢肯定地说，你的心中一定有几件特别想要达成的事情。所以，我对你提出的挑战就是好好思考以下几个问题：为了达成目标，你今天在做什么？你明天、后天和下周有哪些计划？

对了，还有一件事是我亲爱的妈妈忘记说了的：你必须做好计划，才有可能实现目标，最终获得成功。正如英国的一句老话所说，如果在制订计划的阶段就失败了，那么你的计划只会带领你走向失败的结局！

把想法变成现实并不困难，但它需要的不仅是欲望和想象，因为世界上最远的距离是“我想要”和“去行动”。

所以，尽可能仔细地去想象你的愿望吧！明确自己的愿望后，接下来要做的便是相信你自己能够做到。然后为此制订一个可行的实现愿望的计划，并一步一步地努力实现它。

记得要为自己设定中期目标和标志性的里程碑，同时每隔一段时间就回头看看自己有没有走弯路，这样做可以让你确保事情朝着预期的方向发展。按照计划去实施，并且做到随机应变，在需要的时候采取新的行动方式来不断改进和完善你的计划。

本章建议的精力行动

- 选择一个你的梦想，一个在你心中充满了激情和渴望的梦想。

- 制订一个包含目标、里程碑和日期的大致计划。

- 写下最初的三个小步骤（记得写下相应的时间节点），这些步骤能帮助你朝着目标前进。

____

____

____

只要按照我说的去做，你就能感觉到各种各样的精力在你的体内涌动。

第 8 章

放声高歌

我的女儿萨曼莎是一名创作型歌手，在过去30多年的时间里，我有幸能够目睹她唱歌的水平从略显青涩一步步变得愈发娴熟。

最令我着迷的是，每当她唱歌的时候，无论是在舞台上表演，还是在房子里踱步，都能让观众感受到多到令人震惊的正能量。这种现象激发了我对她这项独特能力的原理进行深入研究的兴趣。

人们总是倾向于把自己的声音看作一种纯粹的功能性能力：我们可以用声音来交流、交谈并表达自己的心情或意见，有时还会用它来娱乐。你可能没有注意到，你的声音是你体内最大的能量通道。能量通道的意思是，我们可以通过声音来释放出体内各式各样的能量。每天，我们的声音都会作为能量的载体，在开口的瞬间让这些能量流向外部的世界。

当你还是个孩子的时候，你的声音是完全自然的，你不会试图去“控制”它。你的声音很纯净，没有受到过任何“杂质”的干扰，总是高亢而响亮。

然而，当你长大以后，你便要开始考虑应该如何去更好地与他人互动。这样一来，你就会开始压抑原先自然的声音，然后不由自主地在交谈中倾向于使用一种更符合“社交思维”的声音。这种充斥着“社交思维”的声音极有可能让你失去你的声音中天然的力量和能量。你用这种方式去抑制和麻痹自己本真的声音时，你的能量流同样也会受到影响和限制。

唱歌可以帮助你找回原本就属于你的自然的声音。不管你现在的声线好坏，或音准是否准确，你都可以从唱歌中获益匪浅。当声音在我们的口腔中振动，并且和全身产生共鸣时，大脑会释放内啡肽（大脑让你感觉良好的化学物质），让我们的大脑感受愉悦，帮助我们获得更为积极的情绪，从而给我们带来额外的精力。我并不是说每个人都应该将精力耗费在成为一名职业歌手上，也不是说所有人的声音都非常好听。我想说的是，人类真的是天生就会唱歌的。因为在亿万年中进化出的身体结构赋予了我们发出天然且美妙的声音的能力。

此外，你可能听了会大吃一惊，但是唱歌是一种有氧运动，因为在唱歌的时候，身体会给大脑提供额外的氧气。这应该不难理解，因为我们在唱歌时需要深呼吸，而深呼吸又会让我们获得更强的康复力，帮助我们减轻压力，有时甚至可以让我们进入冥想状态。

我发现，每个人在唱歌的时候都会变得更有活力，更快乐。所以，我的结论是：每一个能够用声带发声的人都可以且应该每天唱歌。

本章建议的精力行动——多多唱歌

无论何时何地，只要有机会放声高歌，就大声地唱出来吧！在家里（如在洗澡的时候），或在开车的时候，和家人朋友在一起聚会的时候……只要是你觉得合适，不会令你紧张的地方。是时候释放出你心中压抑已久的孩童时代的声音，让它重获自由了！

第 9 章

生活的节奏

可能从来没有人问过你这个问题：你是马拉松运动员，还是短跑运动员？我指的并不是在田径场上挥洒汗水的真正的运动员，而是指你在生活中所扮演的角色。

很多人把生活看成一种快节奏的长跑，只要开始了，就要全力以赴，竭尽全力，用最快的速度跑完全程。所以，对于这种人来说，他们在生活中需要同时作为短跑运动员和马拉松运动员。在他们眼里，好像一直向前奔跑，永不停歇正是他们人生的意义……但是，他们虽然拥有马不停蹄的决心和毅力，却不知道自己应该在何时，或如何停止奔跑，改变节奏，让自己休息一下，给身体充充电。他们从一个活动奔向另一个活动，从一个会议跑到另一个会议……他们只有在匆匆忙忙，尽可能用最快的速度去完成每件事时才会感到满足。他们的待办事项清单上永远充斥着做不完的事情。“不去做就无法成功”，这便是他们的态度。

好吧，我在这里就直说了——无论你现在的跑步（生活）方式是哪一种——在生活这个马拉松里，你都不应该、也做不到用冲刺的速度从头跑到尾。人类与生俱来的生物节奏是“行动—休息/行动—休息”，如此循环往复。

这就是为什么我们会明确地区分清醒时间和睡眠时间、白天和黑夜、工作和休假、工作日和周末等。因为假如我们在马拉松的一开头就冲刺到极限，那么用不了多久，我们就会因为筋疲力尽而掉队，最后适得其反。

生活的节奏就应该像一系列不间断的长跑一样。当你在某件事上投入了大量精力，飞快地奔跑后……过一段时间，你就应该强迫自己放松、反思、充电……然后再重新开始加速、冲刺。

如果你想活得足够长久、快乐且健康，那么我敢保证这样做，是唯一有效的生活方式。当这种做法成为你的生活方式后，就意味着你要每时每刻都按照这种方式来行动。

所以，当你极度忙碌的时候，如在工作、开会或坐在笔记本电脑前码字，或者做其他任何事情可以令你放松的事情的时候……一旦你完成手头的事项，记得要停下来几分钟，让大脑从忙碌和紧张中解脱出来，放松一下，花点时间回顾之前的工作，这样你便可以快速地恢复精力。

在开始下一个冲刺之前，利用这个短暂的休息时间，好好想想你刚刚完成的事情。

本章建议的精力行动

- 每天至少反省四次，每次5~10分钟
- 翘起你的脚，想一想：
  - 哪些事情成功了？
  - 哪些事情没有成功？

■ 你从中学到了什么？

- 下次你会有什么不同的做法？

- 为自己的努力感到自豪，如果对结果也满意那就更好不过了。

你会得到一些非凡的洞察，也会更加精力充沛。

第10章

设定“肯定”日

你看过金·凯瑞（美国喜剧演员）主演的电影《好好先生》吗？故事围绕着他所饰演的主角卡尔展开。在电影中，卡尔参加了一个励志研讨会，他对会上的所有成员承诺自己在遇到每一个机会时都回答“是”。结果他发现，自己为周遭的人带来了无限的启发，并且让周围充满了欢声笑语。卡尔最终明白，对每件事说“是”正是让他的思维变得开放和发散的根源，而且一直说“是”也并不会阻止他在需要的时候直截了当地告诉对方“不”。

我并不建议你像卡尔那样，对每一件事情都说“是”。如果你来者不拒，那么你可能很快就会发现，自己在无意中就承担了各种本不属于你职责范围内的任务，使你的日程表变得过于臃肿。长期这样的话，你一定也无法完成之前对他人或对自己所做出的承诺。

我的建议是，每周至少抽出一天时间，让自己更加频繁地说“是”。有很多种方法可以让你做到这一点，并且不会使你轻易陷入进退两难或不受人欢迎的境地。

例如：

- 除非你实在是不同意某人的想法或观点，否则尽量向他们表明你同意且支持他们的观点。
- 不要为了证明你是对的而不停地与人唇枪舌剑，不逼得对方服输不罢休。你要知道，很多时候，允许对方拥有正确的观点对双方都更有利。
- 如果有人暗示（在他们眼里）你犯了一个错误，那么你就回应说“我的错”……不要一听到自己被人否定就立马变得浑身带刺，充满防御性！
- 在你的“肯定”日里，对你不想做的事情至少说两次“好的”。
- 如果有人让你做一些奇怪的或不合常理的事情，同样也要说“好的”。
- 对那些需要你走出自己的舒适区的事情说“是”，这些事情往往是那些你害怕的或以前没有做过的事情。

- 当你的孩子（如果你有的话）问你是否可以和他们一起玩时，告诉他们“可以”……即使只是玩耍很短的一段时间也没关系，除非你真的没有时间陪他们玩。
- 如果你想做“A”这件事，而其他人想做“B”的话，那就服从多数人的选择，一起做“B”。
- 试着让自己对任何事情的第一反应都变成“我可以”。如果有必要的话，你可以随时退回到“可能可以”或“不可以”之类的保守状态。

当你不再对平日里每一件琐事都进行彻头彻尾的分析（换句话说，就是过度分析），当你不再花费过多的时间通过反对别人来捍卫你的观点和想法，当你摒弃了平日做决定需要的复杂又冗长的程序……这种时候，你的生活就不会像先前那样充满压迫感了，而你则可以把更多的精力和情感用在对你来说更重要的事情上。各种各样意想不到的新机遇会一个接一个地出现在你前方的道路上，这些机遇就会像多米诺骨牌一样，给你的生活带来一连串积极的效应。

第11章

像婴儿那样进食

我们都需要精力来维持日常活动。你知道自己一天摄入的能量大概是多少吗？你从食物或其他地方获取的能量与你对能量的需求相互之间匹配吗？

你的一天是以一顿健康又美味的早餐开始的吗？还是说，你是那种在上班的路上匆匆地喝完一杯咖啡或茶，随手抓个三明治或小零食边走边吃的人？或者你是那种一心认定只有懦夫才吃早餐的人？

“早餐（Breakfast）”这个英文词是由“Break”（打破）以及“Fast”（禁食）两个词组成的，意思是人在熟睡一晚后打破“禁食”时吃的第一顿饭。在睡眠期间，人体的能量摄入近乎为零。所以，早餐通常被认为是一天之中最重要的一餐，因为就像引擎不可能没有油还照常运转一样，人若是不吃东西的话，是不可能有力气做事的！

早饭过后，你下一次进食一般是在什么时候，午餐时间，或者在早午餐之间给自己加餐、吃一点零食？

像婴儿一样进食并不代表你真的要像小宝宝一样去吮吸母乳。我的意思其实是，你在一天中应该有规律地适量进食，不要暴食，也不要让自己饿着。在理想情况下，我建议你每间隔2~3小时就吃一些（健康的）食物。

为了保证你能均衡地摄入能量和养分，我强烈建议你在早餐和午餐之间，以及午餐和晚餐之间有针对性地吃一些零食。健康的零食基本都富含优质蛋白质（如奶酪或坚果）或各种维生素（如新鲜水果、果干或水果酸奶）。如果你实在忙得没有空，或者为了方便，也可以吃一块（健康且低卡路里的）能量棒。

本章建议的精力行动

我对午餐和晚餐应该吃什么的一些重要建议是：

- 确保自己能够均衡地摄入各种营养，每天按照比例进食，如25%的蛋白质、25%的谷物/碳水化合物和50%的蔬菜/水果。

- 用小一点的盘子吃饭，这样你每次就不会吃得太多。
- 永远不要吃第二份——在吃晚餐时，加菜绝对是大忌，因为一不小心你就会摄入过多的热量！

你不必以圣人的标准来要求自己，强迫自己只吃健康的东西（那些所谓“身体需要”的食物）。如果想进食，就要允许自己吃一些不太健康的东西，如糖果、蛋糕、甜点、薯片、酒精、含糖饮料……也就是“你想吃的”食物。关键是要让自己的食谱在“需要”和“想吃”的食物之间保持良好的平衡。我推荐的比例是70％~80%“需要”的食物，搭配30％~20%“想吃”的食物。

如果你能坚持这些饮食原则，你就会发现自己的体力变得更充沛了，一天当中身体的精力水平相比过去也会变得更好。所以不要再找借口拖延了，从今天开始行动，让自己吃得更好，更好地吃吧！

第12章

重塑你的大脑

你听说过脑神经科学里的一个专业术语，叫作神经可塑性吗？这是一个总括型的术语，指的是大脑的一种在成年后仍可以通过思考或根据过去的生活经历来让自己发生物理层面的改变的能力。神经可塑性并不是一个崭新的概念，它在19世纪就被科学家提出了。随着功能磁共振成像（fMRI）技术的成熟，科学家们已经证实了人的大脑确实拥有这种惊人的重塑能力。

过去在学术中曾经有这样一种普遍的观点，大脑与身体的其他器官一样，在童年之后就已经定型，不会再发生大的变化。然而事实是，虽然我们的大脑在幼年时期具有更强的可塑性，但是，在我们的一生当中，这种可塑性其实一直都存在。只要通过有效的手段，我们就可以很容易地激活、重塑并改变我们的大脑。

关于大脑最基本的事实是，人的经历会对大脑产生巨大的影响。这种影响不仅会作用于当下，还会在你的大脑中留下刻骨铭心的印迹。你平时体验的一切快乐、烦恼、爱、压力、悲伤和焦虑都对大脑神经网络有着直接影响。大脑被塑造的过程受你的意识经验，也就是你的潜意识的影响最为深刻。简单地说，大脑被塑造成什么样子取决于它接收到了什么样的信息。

神经可塑性可以在我们的很多方面产生持久的影响。其中一种正面的影响就是这种可塑性可以训练你的大脑，让它在平时更加留意积极正面的事情，从而帮助你增加积极正面的情绪精力。

本章建议的精力行动

这里我想给你几个建议，这些建议能帮助你实现上面描述到的好处：

- 买一个小笔记本，把它放在你的床头柜上。这个笔记本是专门用于你的大脑训练的。
- 在关灯睡觉前，写下一天中发生在你身上的3~5件积极的事情。

- 哪些经历（哪怕是最不起眼的也可以）给你带来了快乐？你曾经收到过哪些表扬和回馈？对你而言，什么时候是真正幸运的时刻？无论大小，今天你取得了哪些成就？是什么让你一直心存感激？你是如何表达自己的善意的？

- 有空的时候就翻看一下记载了你的积极经历的日志。

每天坚持这么做，只要坚持做几周，你不仅可以体验到一种前所未有的更积极的感觉，还可以不费吹灰之力就留意到生活中各种事情的积极的一面！

第13章

像鱼儿一样喝水

“像鱼儿一样喝水”是一个英国谚语，指的是人们肆意饮酒时的样子。我在这里说的当然不是喝酒！我的意思是，人在每时每刻都要摄取足够的水分。

你也许听说过人体中60%的物质是水，血液中90%的物质是水吧……科学家在判断行星上是否有生命时，首先也是根据星球上是否有水来判断的。所以说，水是生命之源。我们的身体每时每刻都在通过呼吸、出汗和消化来消耗和排出体内的水分。因此，为了保持身体健康，给身体的各个器官补水是非常必要的。即使轻度脱水，身体的工作效率也会以肉眼可见的速度降低。很快你便会开始感到疲劳，警觉性和注意力也会随之下降。

当你感到口渴的时候，你不用想也知道自己一定是缺水了。除此之外，另一种简单的确认自己是否脱水的方法是检查尿液的颜色。当身体水分充足时，颜色应该是淡柠檬色或者无色的。如果尿液是较浓的黄色或者茶色，那就说明你的身体肯定是需要补充更多的水分了。

每天适量饮水对健康有以下好处：

- 排出毒素，帮助身体代谢体内的废弃物；
- 促进你的新陈代谢，帮助消化；
- 有助于保持健康的血压；
- 避免肾脏损伤；
- 维持健康的皮肤，增加皮肤弹性（减少老化的迹象）；
- 有助于维持一个稳定体重。

充足地饮水对健康还有许许多多的益处，但同样重要的是，补充水分能够提升你的精力，减少肌肉的疲劳感，提升你的注意力并缓和你的情绪。总之，喝水能够使你感到身体状态变好了。

一般人每天的建议饮水量在1.5~2.5升之间。也就是说，普通人每天要喝6~8杯中等大小杯子的水。顺便说一下，咖啡或者茶是不能被计入你喝水的量中的，因为它们无法给身体补充水分，甚至还会让你变得更为口渴！

本章建议的精力行动

以下这些建议可以帮助你多喝水：

- 随身携带一个可以重复使用的瓶子——无论是在工作、居家，还是在娱乐的时候——随时随地补充水分；
- 饭前30分钟，喝一杯水；
- 如果晚餐的时候喝了点酒，也要在饭后30分钟喝一杯水；
- 每次去洗手间之后，喝一杯水；
- 当经过饮水机的时候，盛满一杯水并喝掉它；
- 如果“一不小心”过量饮酒了，确保你在睡觉前至少喝两杯水，从而预防宿醉！

只要能按照上述建议去做，你就会发现，不仅身体变得更健康了，精力也会明显变得更加充沛。

第14章

别在多个任务之间跳来跳去

“多任务处理”这个词经常被人错误地使用。人们有时候把它叫作“多任务切换”，但其实这两个词表达的是完全不同的意思。下面让我来解释一下它们之间的区别。

“多任务处理”是指你同时处理多个（也许相互间有关联的）任务。在这种时候，你所有的注意力都会集中在完成所有任务中相同的目标上。举例来说，当你开车的时候，你需要“多任务处理”，好把自己安全地从一个地方送到另一个地方。开车涉及许多任务，如踩油门或离合器、换挡/刹车、查看后视镜、观察仪表盘、密切关注前方的道路和其他车辆、观察路标等，但是这些任务的最终目标还是让你安全地抵达目的地。

“多任务切换”指的是你能够在不同的（完全不相关的）任务之间来回切换，一会儿做这件事，一会儿做那件事。这些任务都有着各自的目标。举个例子，我在书写这一章时，会停下来阅读新收到的电子邮件然后回复，拿起手机查看一下手机的消息推送并阅读/回复它，收听同事之间的对话，然后再回来继续撰写本章。

你的大脑可以同时处理多项任务。但是在频繁切换任务的时候，大脑一定会表现得不尽如人意。说直白点，就是如果你肆意在多个任务间跳来跳去的话，是要付出代价的。

“多任务处理”会阻止你的大脑进入一种叫作“心流”的状态。在这种状态下，你能够敏锐地集中注意力，充分利用你的精神精力来达到最好的工作效果。

在“心流”状态下，你不仅能把工作做到最好，更轻松地解决问题，还能发掘出工作中的乐趣，因为在这种状态下，你并不会感觉自己在工作。

与每次干活时只专注于一项任务相比，“多任务切换”需要你花费更多的时间来完成不同的任务，最终达成预定的目标。这多耗费的时间就是“多任务切换”所需要付出的代价。

此外，研究表明，如果你在工作中分心了，那么你至少需要几分钟的时间才能恢复到先前的“心流”状态。因此，“多任务切换”会降低工作的效率和质量，并耗费你更多的时间，而且还会浪费你的精力。除此之外，它可能给你带来危险。例如，当人们在开车的时候使用智能手机很可能会造成车祸！最后，“多任务切换”还会让你承受更多压力。

鉴于“多任务切换”有着如此之多的潜在坏处，我强烈建议你立即停止在工作时频繁切换任务，尽量从一开始就让注意力集中在一件事情上（或者尝试“多任务处理”，如在开车或做饭的时候……）。

做到这一点的主要方法是尽量让自己不要分心，减少身边可能让自己分心的因素。

本章建议的精力行动

以下这些建议可以帮助你不再经常切换任务：

- 每天在固定的时间查看你的电子邮件账户；
- 关闭计算机和智能手机的所有消息提示和通知；
- 关闭计算机上的其他所有应用程序，只留下手头工作所需的程序；

- 想要专注于单一任务前，首先关掉你的手机；（在开会和做创造性的工作时也要这样做！）
- 在接打电话的时候，合上你的笔记本电脑；
- 为特定的任务分配一段时间，在这段时间里只专注于这个任务。

你处理的单一任务越多，你的效率和工作质量就会越高。长期坚持这么做的话，你一定会从精神精力中获得更多的惊喜。

“多任务切换”和“多任务处理”的对比练习

这是一个由三个部分组成的练习，用来展示“多任务切换”比“多任务处理”花费更多的时间。（你可以用手机里的计时器来进行对比测试。）

任务1：大声按照字母表的顺序说出字母，从A一直到Z。

任务2：大声数数，从1数到26。

任务3：念出第一个字母后紧接着说出第一个数字

（A对应的是1），然后说出下一个字母和对应的数字（B和2），以此类推，直到最后的字母（Z和26）。

分别记下自己完成三个任务分别需要的时间。

任务1花了多长时间？最多5秒就能念完吧？

____

任务2呢？大概同样也就花费5秒吧？

____

任务3呢？我猜你可能用了30秒。可能在念出来的过程中你还犯了不止一个错误。

____

我相信这个小练习足以向你证明，“多任务切换”和“多任务处理”之间的差别。

第15章

调动鼻子和腹部

生命中最重要的两个元素是氧气和水。我在第13章中已经讨论了每天保持体内水分充足的重要性。在本章里，我要告诉你如何增加氧气的摄入量，从而提高身体的精力水平。

你知道怎么呼吸，对吧？呼吸是一种每天24小时，全年无休的不间断行为。它为你的身体提供了必要的氧气。若是没有氧气，你体内的器官会迅速衰竭，细胞也会很快死亡。但是扪心自问，你觉得自己的呼吸方式正确吗？

根据医学专家的说法，大多数人的呼吸量尚不足他们潜能的一半。受限制的呼吸方法会大大降低人体的呼吸功能，进而导致身体的精力水平也会受到较大影响。正因为氧气是生命的主要来源之一，而呼气是排出体内毒素的主要方式，所以呼吸困难会导致多种健康问题，从高血压到失眠等一系列疾病都和呼吸有关系。

为了改善你的呼吸，你一定要掌握鼻呼吸法。毕竟，鼻子就是为了呼吸而长的。然而，大多数人常常会使用错误的口呼吸法，这就好比试图用鼻子吃东西一样荒谬！

为什么人们经常采用错误的呼吸方式呢？因为我们在日常生活中经常受到过度刺激，感到过度劳累，而且经常会受到消极压力的影响。这会导致人们在无意中会更加倾向口呼吸和胸部呼吸。这两种呼吸法会将空气吸入肺上部，从而触发人体中特定的神经，让人产生战斗或逃跑的反应（对威胁情况的本能生理反应，使人准备好战斗、抵抗或逃跑）。

用鼻呼吸可以帮助你进行更充分、更深入的呼吸。以下只是其中的几个好处：

- 在呼气和吸气的过程中，肺能从空气中提取氧气。因为鼻孔远小于嘴巴，所以从鼻子呼出的空气能够让空气（和氧气）回流到肺里。
- 在呼吸的过程中，通过鼻子呼出的二氧化碳和吸入的氧气的交换效率更加符合你的身体需求，可以更好地维持血液的酸碱平衡。而用口呼吸法时，二氧化碳流失速度过快，对身体并无益处。

- 通过鼻呼吸能够使你不得不放缓呼吸过程，从而降低高血压和体会到的压力。
- 通过鼻呼吸增加的血氧量能够提升你的精力。

所以说，务必要学会正确运用你的鼻子！

现在让我们谈谈你的肚子吧。腹式呼吸法是利用横膈膜来实现正确的呼吸。横膈膜是由好几块肌肉组成的，可以用来完成大部分繁重的呼吸工作。它随着每次呼吸而前后收缩、上下移动，这个动作正是所谓的腹部运动。这个运动可以按摩胃和其他重要的消化器官，并且可以进一步刺激内脏去排出体内的毒素。

最重要的是，腹式呼吸可以让肺下部变得更饱满，与空气接触的面积也更大。这样一来就增加了氧气的摄入，也激活了肺下部某些特定的神经，好促使你的身体和心灵平静下来。

本章建议的精力行动

练习腹式呼吸法：

- 放松你的肩膀，坐直或躺下。
- 一只手放在腹部，一只手放在胸部。
- 用鼻子慢慢吸气几秒钟，感受空气进入腹部，然后感受你腹部向外稍稍凸出。你的腹部如果超过你的胸部，那么这种呼吸方式就是正确的。
- 屏住呼吸几秒钟。
- 慢慢地、完全地呼气。如果一开始你发现用鼻子呼气困难，就压住腹部，然后撅起嘴巴呼气。
- 重复十次。

当你能够有意识地拒绝口呼吸，并强迫自己改用鼻呼吸法和腹式呼吸法以后，你的身体系统将会逐渐适应，并自动进行腹式呼吸，这时，腹式呼吸法已经变成了你默认的呼吸方式。腹式呼吸法除了可以提高你的精力水平，还可以让你从愤怒或焦躁中迅速平静下来。

第16章

目标的力量

理解目标的力量可以帮助你更高效地调动和使用你拥有的精力，并释放出更多的潜能。

明确知道自己生命的意义能够促进你的身体、情感和心理的健康。一个无可争议的事实是，那些知道并能够追随自己人生目标的人相比做不到的人会更快乐、更健康、更长寿。

（关于这一条请观看美国作家理查德·莱德关于这个主题的Tedx演讲：如何释放目标的力量。）

并不是每个人都觉得自己有必要为他们生活的目标忙碌。然而，我们都需要为社会做出贡献，只有这样才有可能感到被人重视、被人需要。这种满足感就是生活目标所能给我们提供的最有意义的东西。

在人生的某个阶段，许多人会问自己这样的问题："我为什么要做我现在做的事情？""我所做的一切都有什么意义？”“我早上为什么要起床？”

为了回答这些问题，我们设计了一个项目来寻找我们的生活目标。这些问题并不需要你去向外部请教才能得到答案。问题的答案其实就在你的心里等着被你挖掘和释放出来。这些问题的核心也不仅是关于生活的目标的，而是关于有目的地去生活的。有目的地生活指的是运用你的品质和才能为自己与他人创造更多的意义及成就。

让我们来看看字典中关于目标的一些定义：

- 有意图、有意识地做事；
- 你做某事的原因；
- 有目标的人是有决心的、果断的。

本章建议的精力行动

因此，生活的目标基本上可以说是一种选择，一种用自己热爱的方式生活的意图。以下这些问题可以令你思考自己的人生目标到底是什么：

- 在过去的一周中，哪些时刻让你有强烈的满足感？

- 在过去的六个月里，你什么时候感觉自己真正充满活力、精力充沛？什么时候有“心流”的感觉？那时候你在做什么？

- 你人生中经历过的最大挑战是什么？你用了哪些才能和品质来克服它们？

- 你希望你的家人和朋友在你的葬礼上怎样形容你？

- 在最稀松平常的一天中，哪些活动最能激励你，让你精力充沛？

- 当你处于最佳状态时，你是如何表现的？

- 如果你再也不用工作了，你将如何度过你的每一天，让自己的每天都过得充实、有意义并充满活力？

回答了这些问题后，请花一些时间来回顾和反思你的答案。你一定会发现，自己的回答中包含了一些

“线索”，这些线索组合在一起，指向的正是你的生活目标。

我强烈建议你尽量按照这些“线索”来生活。毫无疑问，你必定会感到生活中的各个方面都会为你提供更多的精力。这样一来，你的精力水平会更高，你也会感到更满足。

第17章

花更长的时间来玩耍

对你而言，在玩耍的时候一般会有什么样的感觉呢？例如，在与他人嬉笑打闹，与大人或小孩玩游戏，或参与体育运动等活动的时候，你的心情如何？

大多数人的回答可能是：我感觉自己精力充沛；我摆脱了恐惧和焦虑，变得放松且“佛系”了；我不再为未来感到焦虑，而是愉快地活在当下，享受现在。

这是为什么呢？原因很简单，因为当你玩耍的时候，所谓的“内在童真”就会占据你内心的主导地位。我们每个人的心里都藏着一个小孩子，他是我们本性的化身，虽然我们为了让他免于成年人需要面对的压力的影响，而不得不让他在我们的内心深处沉睡。为了生存，我们选择去抑制自己无忧无虑的天性，狠下心来让自己独自承担作为一名成年人的重任。

我觉得，现在是时候让你那颗被埋藏已久的童心重新浮出水面了。唤醒自己天性的最好方法就是多玩耍，不论是在家里，在工作中，还是在其他地方玩。在我们工作的时候，“游戏”一词可能让你皱起眉头，因为人们普遍认为游戏是无聊的，只会浪费大好的时光。他们会对你说“别胡闹了，快回去工作吧”。绝大多数人对工作都抱有严肃认真的态度。

但是，假如你对待工作（和生活）太过认真的话，你就会陷入过于理性，以至于有点情绪化的思考中。这样会极大地限制你的创造力，进而限制你去发挥自己身上蕴藏的精神精力。

研究表明，在工作中玩耍能够增强你的精力、创造力、兴奋感和幽默感。除此之外，它还可以减少你的疲劳、无聊和压力。

本章建议的精力行动

所以，不要把自己、工作和生活看得太严肃……对待生活中的各个方面都要怀揣轻松的态度。下面这些建议可以帮助你在工作中边工作边玩乐：

- 在你的桌子上放一些玩具，时不时地玩一下，鼓励其他人也这样做。溜溜球、陀螺、杂耍球等都是让人开怀大笑的桌面玩具。

- 遇到开心的事情就大笑，并懂得开玩笑。每天找一个能让你笑得合不拢嘴的笑话，并与同事分享你的愉悦。
- 开会的时候，建议所有人都用他们的非利手（不习惯写字的那只手）在白板上写字。
- 在交谈时，与每个人讨论最近一周在他们身上发生的最愚蠢的/有趣的事情，记得让自己也参与进来。
- 在会议上，默默记下“但是”“必须”“应该”“不可能”等这样的词汇出现过的次数……并在会议结束后和与会者分享你统计出的结果。
- 偶尔在同事不知情的情况下对他们开个玩笑，并且准备好在日后被人以同样的方式捉弄！
- 在公司里组织一些有趣的比赛。向同事们发起挑战，别忘了让他们也出谋划策，组织一些充满竞争性的游戏。

做一个成熟负责的成年人不代表你不能同时拥有一个如同小孩子般的纯真的世界观。多花些时间去玩耍，你就会发现做一名大顽童真的很有趣！

第18章

管理你的情绪

情绪是人类众多感觉中的一种。相比自然界的其他生物，我们最大的幸运莫过于天生就拥有情绪。若是想要充分地感受生活、体验生活，那么情绪绝对是必不可少的。情绪拥有异常强大的影响力：它们可以帮助你表达感受；它们在很大程度上决定了你的思维和行动方式；它们还会提供必要的信息和因素来帮助你去做决策。

为了最大限度地利用体内的情绪精力，你需要学习如何有效地管理你的情绪，特别是那些消极的情绪。说实话，情绪管理并不容易，因为情绪并不是人的意识所能控制的。

大脑中处理情绪的部分被称作边缘系统，它是人类大脑中最早被开发的部分之一，因此也是最古老、最原始的部分。这也是为什么根据环境的变化而在情绪上做出反应是人类最原始的本能：人类进化出情绪正是基于生存的需要。

人类的情绪通常与以前的经历有关。如果过去发生过什么事情，不管是好事还是坏事，那么现在的你对于类似事情的情绪反应，通常都会是相当强烈的。过去的记忆会激发出你心中积极或消极的感觉；但是，你对未来的事情的情绪反应和当前正在发生的事情往往却并没有直接关系。能够理解现在与过去的经验之间的联系，是管理情绪的关键。这里有一些简单的技巧，它们可以帮助你找到过去的记忆与当下的事情的联系，然后在当下做出适当的情绪反应。

贴标签

给你感觉到的情绪贴上标签，然后把它说出来。只要寥寥数语就可以减轻你正在经受的压力，并帮助你去控制和管理自己的反应。

举例来说，如果你现在感觉沉重/困难/尴尬，那么不要在这些词的后面再加上“因为”二字！因为如果你这样做，你便会更深地陷入这种情绪之中，这样一来你的负面情绪自然就会增加。

重构

我们无法每一次都改变生活中发生的事情，但是我们可以改变自己看待它们的方式。当你感到情绪低落时，可以试着重新构建起当时的情况。

如果你做了一个错误的决定，那么与其对自己已经做出的决定感到沮丧和生气，不如用积极的方式去重新审视它，试着对自己说：“我会从这个错误的决定中吸取教训，并以此来改进未来的决定。”

这么做，你感受到的消极情绪就会立刻消失了。

改变你的情绪

如果感到体内有消极的情绪产生了，可以试着去有意识地思考积极的回忆。例如，孩子出生的时候，美好的婚礼，和朋友度过的美好夜晚等。

本章建议的精力行动

- 想出一个（有趣的）词。每当你感到体内出现消极情绪，如愤怒或沮丧，就对自己重复说这个词。

* 强迫自己脸上挂上灿烂的微笑。

许多人都认为，在工作的时候，你就应该把自己的情绪留在身后，不能让自己在工作中被情绪左右。这是一个疯狂的想法！你在压抑自己情绪的过程中会耗费大量的情绪精力。与此同时，你周围的人也会在潜意识里感受到你在不经意间流露出的负面情绪，导致你在他们心中的形象大受影响，他们的情绪也会因此受到波及，变得消极起来。

在这里，我想引用理查德·布兰森（维珍品牌创始人）的话：学会在工作中调动你的情绪，你的情绪和本能就可以帮助你。

请记住，你永远可以控制并改变自己的情绪。通过上述的技巧，你不仅能更好地管理你的情绪，还能更有效地利用你的情绪精力。

第19章

曼怛罗式呼吸法

在第15章中，我介绍了腹式呼吸法的好处：这种呼吸方式可以增加你的氧气摄入量，从而提高你整体的精力水平。

现在，我想再与你分享一个技巧。这个技巧具备了深（腹式）呼吸的所有好处，同时可以让你的身体充满正能量和平静。它结合了呼吸和曼怛罗（咒语），不是你在电影中见到的奇怪又冗长的咒语，而是不断重复一两个词的那种简单的咒语。

在传授给你这个技巧之前，首先请你挑选出一种对你来说很重要的品质。请你选出希望自己在生活中可以拥有更多的品质以及渴望自己身上能够散发出来的品质，如冷静、开朗、乐观、友爱与平和。

这个技巧包括两个部分：吸气和呼气。当你在吸气时，请在心中默默说出这个品质的第一个字或第一个音节。当你呼气时，请在内心默念第二个字或第二个音节。举个例子：

吸气	呼气
冷	静
快	慢
快	乐
无忧	无虑
内心	平静
大	笑
真	爱

你在说出第一个字/音节的时候，尽量让它持续你整个吸气的时间。例如，如果需要4秒钟来吸一口气，那就花4秒钟来说第一个字/音节。

以此类推，当你呼气时，就用你呼气的时间来在心里默念第二个字或音节。

吸气和呼气相结合后，听起来应该像这样：

"冷……静……"

开始的时候，重复这个动作一分钟。你的呼吸过程将与你在心里默念着的品质产生奇妙的联系。

记得用腹式呼吸法，因为这种呼吸法方便你将呼吸放慢。

我建议，在最开始的时候，你可以先在自己家里尝试这个练习。用不了多久，你就会觉得这种呼吸法是一种自然的过程，已经成为你的习惯了；这时候，你便可以随时随地运用这种方法了。当你在走路或旅行时（不论是坐汽车、火车、公共汽车，还是飞机），只要有机会，就让自己做这个练习。

如果你发现自己在练习的时候分心了，不要沮丧。轻轻地把你的注意力拉回到你的“咒语”上就好了。为了强化练习的效果，你可以闭上双眼，让自己说的话以图像的形式呈现在脑海里。

曼怛罗式呼吸法是一种异常简单却又能给人带来巨大影响的方法，你可以随时随地边呼吸边念“咒语”。这种方法绝对可以提升你的精力，并帮助你进入一种平衡又和谐的状态。

尝试一下吧，你一定会享受曼怛罗式呼吸法的……

第20章

采取适合你的行动

很多年以前，我的一位非常睿智的朋友给我推荐了一种极为有效、可以在短时间内改变感觉的方法。迄今为止，我已经无数次用过这种方法了，几乎从未失手，每次都能圆满达成我想要的结果。

这种方法的基本原则大意是，你的情绪精力主要是由你的感觉驱动的……而你的感觉则是由你的生理机能决定的。无论你的感觉如何，它都是你对自己身体的运用方式最忠实、最直观的体现：无论是你的坐姿、你呼吸的方式，还是你的运动体态等。

尝试以下两项练习吧，它们可以令你更好地理解本章的内容。

练习1

- 我希望你能试着让自己分别体验悲伤、沉痛和有点忧郁时的感受。
- 首先耷起肩膀，让自己的身体仿佛被困境打败了似的重重地坐在椅子上。尽量轻和浅地呼吸（就是俗称的胸式呼吸法）；双眼看着地上，皱着眉头小声地说一件最近得知的坏消息。最好能够让自己沉浸于那个坏消息之中。
- 现在你的感觉如何？你的精力水平呢？

____

____

____

练习2

- 现在轮到体验自信的、乐观的、充满力量的感觉了。

- 站起身来，假装在军训一样抬头挺胸，挺直你的腰板。重重地呼吸（还记得第15章里提到的腹式呼吸法吗）。不光大声，还要声音激昂地说一件最近发生的好事情。与上一个练习一样，尽量让自己沉浸于这件好事之中。
- 现在你的感觉如何？你会用哪些词来形容现在的精力水平？

____

____

____

所有做完这两项练习的人都会认定练习2会给他们带来正能量。所以，从他们的结论中不难得出，如果想要学会给自己一个瞬间就生效的精力提升器，那么练习2正是你该做的。

想要改变当前的状态，最便捷、最快速的方式便是让自己的生理机能产生天翻地覆的大变化。这么做的效果比起任何你可能想到和可以尝试的方式都要来得快。打个比方，看电视的时候，想要从悲剧电影切换到令人提心吊胆的冒险电影，只需要在遥控器上按一个按钮就行。相信我，靠改变生理机能来改变状态时产生效果的速度就是这么迅速！

练习2最有效的方式是创造一个只属于你的动作，一个可以在你感觉烦扰、沮丧、焦虑或者悲伤的时候让自己振作起来的加油动作。

举个例子，我的专属动作是站直身子，双臂在身体两侧半举着，就像个L一样；接下来我会将胸脯向前一顶，肩膀后缩，脑袋微翘。你可能觉得我的动作看上去很奇怪，但是还没完。这个时候，我的脸上会浮现出一个大大的微笑，洋溢着幸福；然后我会将自己的双手尽力向后伸直，同时口中大喊：“Yes！”

我见过很多人各自专属的激励动作。其中很普遍的一种是将双手高举，伸向空中，嘴上喊着一些励志的话，如“你能行！”和“你能做到的！”之类的给自己打气加油。

确定一套专属于你的加油动作吧，然后别忘了每天做几次这套动作鼓舞自己。你一定会惊讶于这套动作竟能在如此短的时间内就给你带来积极的影响。看上去只是一套简单的动作，但是非常富有成效。

第21章

五种最喜欢的特长

你最喜欢的与工作相关的特长是什么？

我说的特长，在这里指的是你在工作时最喜欢做的活动。你在做什么工作的时候会觉得最为满意、最为快乐，甚至能在心里感到些许激动呢？

把这项活动写下来吧。

现在再想四项你最喜欢的活动或者特长，然后把它们分别写下来。有一点需要注意的是，在往这个列表里增添新活动的时候，着重关注你可以做的事情。

一旦你完成了五项最喜欢的特长列表，请根据以下两个方面分别给每项特长打两个分数（打分标准为0~10分，0代表一点没有，10代表非常多）。

a）发展指数：在过去十二个月中，你与这项特长有关的技能增进了多少？

____

____

b）使用指数：在你现在的工作中，你用到这项技能的频率大概是什么样子？

____

____

为了能让各位读者更好地理解我说的意思，就拿我在撰写本章时写下的列表和打分作为例子吧：

1. 展示／表演	a）6　　b）9
2. 启发和激励别人	a）8　　b）10
3. 写作	a）5　　b）7
4. 想出新的会议主题	a）3　　b）6
5. 训练队伍	a）2　　b）5

重点在于，当你沉浸于做自己喜欢做的事情时，你

会感到自己的精力相比平时更加充沛。所以，将更多的时间和精力分配给五项特长上可以自动给你的体内注入更多精力。而当你在进一步增强、完善与特长相关的技能时，除了可以在进步的过程中享受精力，还可以变得更擅长该项特长，这样一来个人的满足感也会跟着一同提升。

本章建议的精力行动

既然已经给自己的五项特长打完分了，那么请考虑以下两个问题。

- 对于哪项特长，你更想增加它的发展指数？

- 你会选择多做哪项特长，好增加它的使用指数？

终于到了最后一步：怎样才能实现上面提到的那两

件事呢？

为了避免在想出行动的点子上耗费太多的脑力，我建议你跟自己、同事和领导，或者任何可能刺激你的创造性思维的人一起头脑风暴。一旦手上有了一系列点子，别为难自己，从列表中最简单、最现实的那个开始做起。不光是机械地做，而要让自己全身心地沉浸在这些活动里！

切忌只做一次这项练习就大功告成了，只有在自己剩余的职业生涯里每隔几个月就重复一遍这项练习才能维持住它所带来的功效。

第22章

边散步边开会

散步应该是一项众所周知的优秀的锻炼方式。散步是标准的有氧运动，除了提升心肺功能，还对全身肌肉起到锻炼效果，促进血液循环。我猜各位读者可能早就知道散步的好处了。

是的，我们都知道散步能带来许多优良的生理上的好处，但是你可能不知道的是，散步对于你的大脑运转也有着超乎想象的正面影响。散步除了可以让人神志更加清醒，还可以唤醒人的思维。这背后的原理是什么呢？我认为是因为散步可以加快大脑的血液流动并提升血氧饱和度，而较高的血氧饱和度正是高强度使用大脑的必要前提。

人类的大脑有大约三分之一是由血管组成的，人的大脑的氧气消耗了超过人体总体氧气供应量的20%。这么看来，加大给大脑的血液和氧分供给可以改善人的认知功能和记忆功能就并不令人感到意外了。正因如此，散步可以带给人的一个令人惊讶的好处是提升人的创造性思维。科学家研究后得出，人在散步20~30分钟后，思维的活跃度会猛增60%左右。这样一来很明显能看出，散步是一项很好的运动，每当在工作或生活中遇到困难、停滞不前时都可以走几步散散心，在散步的过程中困难说不定就迎刃而解了。

正如上面所说的，一个人独自散步有很多益处，但是同两三个人边散步边聊天同样是很棒的活动。和同事或客户边散步边谈天说地固然很棒，但是要是能做到边散步边开会就更好了。开会的内容可以是探讨需要做出重大选择的问题，或探索更多的可能性，也可以寻找问题的解决方案。我们的大脑在散步的时候会变得更加放松，而相比坐在办公室里开会，散步时的对话也会因此变得更为开放、诚实、高效，以及更富有创造性。

当然，并不是每种会议都适合边散步边开。有些会议会涉及具体的数字和细节，这种情况下，手边就需要笔记本、电脑或白板来记录讨论出的内容了。

我的建议是，根据自己的判断来决定什么时候是适合与同事或客户边散步边开会的好机会。最好提前提示对方你想要做的，好让他们能够换上合适的着装，尤其是鞋子。要是没有提前通知，临时起意邀请穿了高跟鞋的人去逛公园，你在对方心中的形象一定会一落千丈！另外，别忘了每个人都带一瓶水，要是怕饿的话，也可以带上一些零食。

找机会尝试一次这种散步会议吧，尝到好处后你一定会回来感谢我的。对了，如果可以的话，尽量在充满自然气息的地方散步（可以是树林，也可以是小山、海岸和河畔），当你逃离了令人压抑窒息的钢筋水泥、呼吸到新鲜空气时，身心一定会感到愉悦、舒坦，体验也会比在城市里散步更加正面。

第23章

第四级倾听法

你听说过五级倾听法吗？我猜答案是否定的，因为这条法则是我在多年的实践中归纳、总结出来的，除了各位读者应该没有多少人接触过这条法则。所以没关系，现在就由我来给各位介绍一下。五级倾听法中的每一级都与精力有着有趣的联系，尤其是你的精神精力和情绪精力。

第一级——忽略对方

顾名思义，忽略对方的话当然不算在真正的倾听。你有没有遇到过这种情况：当你在电脑前忙碌地工作，或在忙着用智能设备发消息时，有人仿佛看不到你在工作似的向你靠过来，自顾自地跟你说话。你希望能用沉默和忽视来让对方意识到你并没有空搭理他们，然而往往事与愿违，他们只会变本加厉，摆出你不回应就不罢休的气势。遇到这种情况时，抵挡他们的干扰会消耗你大量的精力，而且令双方都感觉对方对自己的不尊重。

所以，别再指望靠忽视就能打发走对方。停下手中正在做的事，一字一句地告诉对方你正在忙，让他们等一会再来找你（具体用词根据你的习惯而定），然后再接着忙手上的工作。只有这样，对方才会明确地知道你没有工夫听他们说话。

第二级——假装在听

你在假装倾听的时候，明眼人都能看出你心不在焉。为什么呢？因为在假装听讲的人都有同一个特征，那就是会像磕巴了一样不断地发出“呃，呃”的声音。显而易见，假装去听不会耗费人太多的精力，但是实话实说，这简直就是浪费时间和精力。一般来讲，我们在和某类特定的人打交道时最容易表现出假装倾听的样子；我觉得用一个词可以完美地形容这类人，那就是“絮叨”。这类人好像对自己的声线非常满意，张口说话的时候仿佛都沉醉于自己的声音里了。

当你遇到这种情况的时候，要学会果断地打断说话的人。这种无意义的交流对双方来讲都是时间和精力上的浪费，所以务必趁他们还没有进入状态之前就告诉他们："我正在忙，你去找别人聊天吧！"毕竟，拖得越久，就越难结束对话。

第三级——有选择性地听

绝大多数人的听讲习惯都可以归类为五级倾听法中的第三级，也就是有选择性地去听。你的确听到了对方所说的每一个字，甚至还理解了对方想表达的几个重点；但是，你的绝大部分脑力都聚焦于对话以外的东西，如"我应不应该问另一个问题？下一个问题该问什么内容呢？"或"他都说了这么久了，是不是该轮到我说了？我可以用什么话题来打断他呢？"之类的。人们在倾听的时候，思维总是会不自觉地溜到别的地方去胡思乱想，思考的内容可以是明天的计划，谈话结束之后应该做什么，甚至晚上吃什么等。这种倾听方式会消耗你大量的精力，因为你需要不断地切换自己的思维。除此之外，听讲时三心二意也很容易让自己忽略掉对方透露出的许多关键信息。

第四级——专心致志地听

当你处于倾听的第四级时，你是在全心全意、心无杂念地听对方说话。除了言语，连对方的面部表情、语气语调和无意识的肢体动作都不放过。俗话说得好，认真的样子最可爱，没有人会不喜欢专心听讲的人。对方一眼就能看出你是真正地用心在听他说话，而这种表现会让对方感受到你对他的重视，然后在心中对你的印象增添一分。

第四级倾听远比第三级倾听要轻松得多，因为你在专心致志地听讲时思绪不会被内心的杂念所干扰，而且你除了能听到对方口中道出的每一个词，这些词还会更为牢固地扎根于你的记忆中。除此之外，你还可以最大限度地利用自己的精神精力。

第五级——感同身受地听

说实话，第五级跟第四级其实差不太多，只不过第五级倾听需要你能够跟对方所说的话构建起情感上的联系；换句话说，就是培养出与对方之间的同理心。如果对方感到快乐，那么你也会为他们感到开心；如果对方哭哭啼啼，那么你的内心也会泛起沉痛和悲伤的情绪。

这一级是所有的倾听方式中最优美的那一个，在与家庭成员或多年好友交流时感同身受地去听，会格外有效。而且感同身受地听讲还可以充分地调动你的精神精力和情绪精力，令你在试着理解对方时更为轻松。

想要提高你对五级倾听法的掌握度，首先要仔细观察自己在各式各样的场景里与不同的人交流时用的是哪一种倾听方式。只有弄明白自己是如何倾听的，才能清楚地知道应该在哪些地方做出改进。第二级到第五级在不同的情况下都有它们各自的用途，所以别着急，慢慢摸索出什么场景该用哪种倾听方式。要注意的是，倾听的时候不要一直处于第四或第五级的状态，因为第四和五级不代表一定比第二和三级要更厉害。

但是，假如你希望能够更好地管理自己的精神精力和情绪精力，我强烈建议你多去练习第四级倾听，在恰当的时候使用第五级倾听。这么做绝对可以对你和周围的人之间的关系带来正面的影响。

第24章

给人多一点赞赏

只要真心地夸赞对方，绝对会即刻增强他们体内的正能量。而且，夸奖不但可以让收到夸奖的人心情愉悦，给予夸奖的人同样也会大有所获。每当你诚挚地夸赞另一个人，向他道出你能想到的每一个赞美之词时，你的自信和自尊也会随之提高；除此之外，对他人的赞美还可以增强你心中的正能量。这听上去很神奇，但是背后的道理其实很简单：正能量的作用是相互的，对方的正能量增强后，溢于言表的喜悦之情会潜移默化地感染你，让你在潜意识中为他喝彩，从而使自己的正能量也获得提升。

对他人而言，你对他们处理问题的方式的认可和赞赏，或他们如何对你产生积极影响的阐述，是一份强有力的礼物。对你而言，这可能只是一句普通的赞赏，你只需要动一动嘴就行，不用耗费金钱或者精力，送出再多的夸奖也无所谓；但是对于收到夸奖的人来说，你赞美的语言就是对他们行动的认可。所以，寻找到赞赏别人的机会至关重要。你需要不断地挖掘他人身上优秀的方方面面，不放过每一个微小的却值得夸奖的点。而当你在他人身上寻找积极、优秀的东西时，你也会逐渐发现自己身上的优点。

给人诚挚的赞美还可以增进你们之间的关系，并提升你的领导力和影响力。人都喜欢围着积极的人转，因为和积极的人在一起可以让身心变得愉悦。这样一来，他们听取并采用你的想法和建议的可能性也大大增加。

通常来说，最有效的夸奖往往是那些着重夸奖对方行动的细节或具体人品的。当你真心关注这类事情的时候，你夸奖对方的语言和虚伪的泛泛赞美相比会显得更可信、更有影响力。

举个例子，诚挚地赞美某人的外表会让他们开心一小段时间，但过一会就会让他们忘记你的美言美语。然而，假如你对他们说：“你今天在会上的表现真令我印象深刻！只有你敢于当着众人的面唱反调，提出自己的意见，你的勇气和坦率真令我佩服。”这样一来，你便是在认可和赞赏他们身上更深层次的东西，和他们的品质和性格相关的东西。这种赞赏给对方的正面影响要远比单纯地赞赏他们的容貌持续得长久。

所以，别人的外表还是要夸奖的，但是别过于关注他们的外表。找机会去夸奖他们的所作所为、性格品质或者做出的选择，因为这样才能给他们留下更深刻的印象。

需要牢记的是，你的赞赏一定要是真心和诚恳的，不然会给你带来反效果。明眼人都能看出虚伪的、没有拍到点上的马屁，而他们在心中自然会对这种人暗暗产生不信任和过于有心机的感觉。

除此之外，我还建议你能时不时地找机会送给自己一些赞美。至少每天一次（当然越多越好）夸奖自己对于某个特定问题的处理方式，你在工作中是如何帮助某位同事的，或者任何你觉得自己干得不错的事情。

夸奖自己并不意味着你就是个自私或自大的人——

事实上，这是自我欣赏的表现，而这么做会提升你和周围人的正能量。

赞赏可不是那种平时不用、完全给饥荒年代准备的储备粮。只要有机会就大方地给别人和自己几句赞美之词吧。这么做除了会让别人变得更阳光开朗，你自己的精力也会得到增强。

第25章

不断地问“为什么”

我可以很肯定地说，你在孩童时代肯定问过数不清的“为什么”，因为每个孩子都是这样过来的，包括我自己。

“为什么这么早就要我上床睡觉？”“为什么天是蓝的？”“为什么不让我吃冰激凌？”“为什么你们要出去上班？”“为什么太阳下山后天就黑了，太阳升起来后天又亮了？”……

这个问题的列表永远没有尽头，因为问“为什么”只是小孩子单纯的语言游戏罢了。那么问题来了：小孩子为什么会玩这样的语言游戏呢？他们这么做有很多原因，我能想到的就包括：

- 小孩子充满了好奇心，迫不及待地想要探索神奇的世界。
- 小孩子想要试着理解他们周围的事物。

- 小孩子意识到他们提出的“为什么”越多，学到的知识就越多。

开始的时候，家长们对于小孩子源源不断的好奇心感到既惊喜又愉悦，认定自己家孩子的好奇心绝对是独一无二的，是自己家孩子与别人家孩子与众不同的铁证。然而，时间一久，绝大多数家长就开始对接二连三的问题感到厌倦，苦于应答孩子提出的一连串问题，尤其是“为什么”。很多时候，家长们会不耐烦地吼道：“因为我说是这样就是这样！”或“谁让你问这么多问题的？”

这样粗暴的回答自然会对小孩子的成长造成不可估量的负面影响，因为小孩子从这样的回答中解读出的含义是问“为什么”不一定是件好事，次数一多，他们就会逐渐对提出问题产生恐惧，从此不再将内心的疑惑流露出来。在上学的阶段，这类情况尤为普遍，因为众所周知，我们的教育体系更习惯奖励知道答案的学生，而不是提出问题的学生。

当小孩子逐渐成长为大人后，他们中的很多人都会很遗憾地在工作和生活中解决问题时继续采用这种答案驱动的处理方式。平心而论，知道问题的答案在上学的时候的确有助于通过考试，但是进入职场后，只有不断地问问题、问好问题才能帮助你渡过人生中的每一个难关。

成年人在提问的时候，一般会以“做什么”和“怎么做”之类来开头，而不是像小孩子一样问“为什么”。假如你还能保持儿时的“童真”，提问时先问“为什么”，这么做绝对可以帮助你提出更详细、更有价值的“做什么”和“怎么做”的问题。

悄悄地告诉你，我还建议你时不时地用“为什么”来挑战自己的想法和行动。举个例子：“为什么我会这么想？”“为什么我在做这个？”“为什么我做出了这个选择？”像这样反思自己的所作所为有助于增强你对自己行事逻辑的理解，并且可以让你体验与自己的欲望和价值观不符的充满挑战的事项。这种反思的过程会自动给你的目标精力添砖加瓦。

大胆地鼓励自己去重新拾起儿童时期的那种不断问

“为什么”的态度吧！这种处事态度对人生中的所有方面，尤其是对自己，都格外有益。问完“为什么”后得到的更清晰的答案和更深入的了解绝对会令你感到非常精力充沛，耳目一新。

第26章

多给自己一份压力

亲爱的读者们，你们可能觉得多给自己施加一点压力这条建议听上去非常奇怪。我完全能理解你们的心情，毕竟在生活中我们一般会将压力这个词与负面的心情、境遇、状态等相关联。这样一来便不难理解，很多人深信压力对人体有害这条谣言了。请相信我，适当的压力对人绝对没坏处。

很多人都不知道，我们感受到的压力可以分为两种：良性压力（Eustress）和劣性压力（Distress）。顾名思义，劣性压力指的是负面的、令人忧虑的压力；而良性压力指的是积极正面的压力。良性压力的英文是由希腊语的前缀“Eu”，意思是“好的”和英文单词“Stress”，也就是“压力”组合起来的。所以，我们也可以将良性压力称为“好的压力”。良性压力是人类面对压力时正向的认知反应。这种反应有利于身体的健康，还可以让人产生满足感和其他良好的感觉。

良性压力会让人：

- 感觉乐观、兴奋，身上充满动力；
- 增强自己的精力；
- 提升个人表现；
- 得到一种“我能处理这种情况”的想法。

而劣性压力会导致；

- 不愉快的感觉；
- 你的精力被耗尽；
- 个人表现变差；
- “没法掌控局面”的想法；
- 焦虑和疑虑；
- 潜在的生理上、情绪上和精神上的问题。

这两种压力都可以激励你去改变你的习惯，帮助你做出有意识的、有意义的改变。要想增强你的精力，你的关注点应该尽量避免劣性压力。假如实在避免不了，就试着减少劣性压力。当然，还可以尽力寻找机会去增加良性压力。

有些时候，当你试着增加良性压力时，最开始会感觉有些不适；不用慌张，这是正常的反应，因为增大压力意味着你需要从自己的舒适区走出来，通过给自己施压来不断拓展极限。你可能感觉肚子里仿佛进了蛔虫一样，疼痛不堪，但是很快你就会沉浸于扑面而来的兴奋感，而这份疼痛也会被随之而来的精力掩盖，被你抛诸脑后。

本章建议的精力行动

这里是一些可以帮助你在生活中获得更多的良性压力的提示：

- 和许久未联系的老朋友或家人重新建立联系；
- 学习一个新的技巧或尝试一个新的爱好；
- 提高你的沟通水平，并在实践中运用自己新学到的技巧；
- 加入一个社团，结交一些新的朋友，可以的话，试着给社团做点贡献；
- 锻炼身体——可以给自己定个减肥或增肌的目

标，也可以为了参加之前觉得很有挑战性的体育活动而加大训练；

- 组织一场和家人一起的有趣的户外旅行；
- 改善你的健康习惯（不论是从营养方面着手，还是锻炼、放松、睡觉等）；
- 去游乐园坐一次过山车。

另一种很简单就可以增加良性压力的方法是：每当你感觉体内的劣性压力升高的时候，就扪心自问，怎么做才能让这些负面压力立刻转变为可以为你所用的良性压力，接下来，根据回答来执行相应的动作。

研究证明，这两种压力均只有10%左右是由外因造成的，而超过90%的压力是由自己的态度导致的。所以，请你牢记，绝大多数时候你面对的压力都是自食其果，不是因为别人过于针对你！

我强烈建议你去掌握自己的人生，并试着探寻各种获得更多良性压力的方法。当你感受到惊人的精力增强时，一定会笑得合不拢嘴。

第27章

激励人心的因素

在工作中，每个人都有一些能够鼓励他们更进一步，有着给自己提供额外精力的潜力，也就是（工作）激励因素（Motivation Factor）。我们每个人还有一些决定了工作满意程度的所谓的（工作）保健因素（Hygiene Factor）。这两种因素之间的区别是保健因素只需要维持在人们可以接受的水平就可以了，即使超出了人们的期望值也不会提供额外的精力，但假如保健因素恶化到人们认为可以接受的水平以下，人们就会对工作感到不满意，同时会导致自身精力慢慢流失。

当然，每个人是不一样的，所以激励因素和保健因素的标准自然也不一样。某种因素在一个人的认知中可能属于激励因素，但是对另一个人而言可能只是保健因素。举例来说，奖金对于我来说只能算是保健因素。我收到的奖金需要达到我的心理预期，这样一来我才能确认我的上级看到并认可了我在工作中的付出，并且公开地奖励了我应得的酬劳。即使奖金的金额超出了我的预期，我也不会感觉体内产生了额外的斗志。但是对很多人来说，高额的奖金是最能够促使他们奋斗的激励因素。

当你的激励因素达到了非常高的程度时，你一定会感觉心情舒畅了许多，走路时步伐都变得轻快了，身体也更加充满精力了。那么，对你来说，在工作时最关键的激励因素有哪些呢?

这里是几个备选的例子;

- 感激和赞赏;
- 工作本身，以及各种活动;
- 工作和生活之间的平衡;
- 个人发展和成长;
- 与同事的关系;
- 金钱奖励（薪资、奖金等）;
- 一个可以令人成功、实现目标的良好环境;
- 责任和自主权。

如果还有别的对你来说很重要的因素，也请将它们加到这个列表中。

从这个列表中选四个你认为最重要的因素，将它们从高到低分别列出来。

____

____

____

____

现在，请你回忆一下你平常工作时的场景，然后根据你对挑选出的四个因素的满意程度，分别给它们按照1~10分的标准（1代表满意度低）打分。这几个激励因素对于当前的你来说都能得几分呢？有没有某些因素按你的标准来看得分较低呢？（低分的标准当然因人而异，在我眼里6分就已经是很低的分数了。）

如果你的确觉得某个激励因素的得分太低了，那么新的问题就来了：怎样做才能让这个激励因素的分值提高1~2分？在你眼里这个因素得到了5分相比7分有什么不同？可以从哪些方面着手改进？

找机会和同事们讨论一下你的激励因素，尤其要听一听你的经理的意见。参考同事的建议，好好想一想有哪些可以让低分提高的方法，然后立即着手行动。尽力去让四个因素都能达到令你满意的水平。

当你对它们的打分提高后，我敢保证你的精力水平一定会随之提高，你会对工作更为满意，整体的健康状态也会大幅提升。

第28章

做乐观的人

在平日里与你打交道的人会对你的生活和精力产生难以想象的巨大影响。我听许多著名的激励演讲家都说过这句话："你的模样是你周围人平均后的样子。"就你的精力而言，这句话经过多年依然被心理家证明是正确的。

无论何时，当你与那些不管是有意识还是无意识散发着负面颓废气息的人打交道时，你或多或少也会沾染他们身上满满的负能量。与乐观的人不同，这些人将他们的大部分精力都集中在工作和生活中不那么美好的事情上，而他们消极的态度也会引导你不自觉地变得和他们一样。这类人说得难听一点，就是那种自己都意识不到自己在吸血的寄生虫，在双方都不知情的情况下把你身上的精力都吸干了。

而当你和那些积极乐观、懂得如何振作精神和管理情绪、朝着"做最好的自己"的目标努力的人待在一起时，你也无法避免地会感觉并吸收到他们身上洋溢出的正能量。你也会不由自主地被他们乐观的精神感染，情绪受到了鼓舞，心态振作了起来，幸福感增加了，压力则减少了。话已至此，请仔细想一想你的朋友们是积极的人，还是消极的人呢？

从精力管理的角度上看，思考这个问题相比思考每顿饭该吃什么，或怎么样通过锻炼来保持健康且强壮的身体之类的问题，有着相同的作用，能够达到同样好的效果。

那么，与哪一类人相处可以给自己增添精力，让自己充满干劲呢？

其实比你想象得还要简单。这类人不需要是人们口中的“圣人”，过着完美和谐、积极乐观的生活。只要某个人觉得杯子里的水还有一半而不是只剩一半（乐观者认为半杯水是半满的，悲观者则认为是半空的），和他相处就足以令你的生活充满快乐和幸福了。这类人积极敢拼的态度可以激励周围的人；这类人可以给你提供为了实现目标而努力前行的鼓励，支持你做出能够改变人生的决定。

不用担心在生活中找不到这种乐观的人。只要和这种人接触过，立刻就能知道他们正是你在寻找的人，因为每次和他们接触后（不论是面对面，还是在电话中交谈，抑或是通过邮件和短信），你都会觉得自己的精力增加了，内心充满了干劲。

本章建议的精力行动

以下这些行动可以帮助你发掘身边积极乐观的人：

- 把与你平时相处最久的人的名字写下来。

- 分别列举他们的特点。你认为他们可以算是积极乐观的人吗？他们每天过得开心吗？

- 他们平时是如何与你交流的？他们对你造成了什么样的影响？

- 你在与他们接触后是感觉充满干劲，体内的精力增多了，还是与此相反？

- 他们有没有支持你所做的决定，让你感到实现自己人生的目标是完全可能的？

下定决心，开始行动，多和能让你放声大笑，在你需要的时候及时伸出援手，让你感到精力增多的人待在一起。

这些人才是在你的人生中值得花费精力维持良好关系的人。其他的人，说得直白一点，只是人生中的过路人！多和积极的人交流可以保证让你获得更多的正能量。试着按照我说的去做，你一定会被结果震撼到。

第29章

精力水平

我想，你一定知道那种身体的精力随着时段的变化高低起伏的感觉吧。想一想这背后的原因就觉得很奇妙！

而这种奇妙现象背后的原因，以及你怎样可以更好地管理自己的精力正是我想在本章重点讨论的。所以，话不多说，让我们直奔本章的主题吧：意识到自己体内蕴藏的精力，并精准地测量出精力多少的重要性。

如果我问你："你在看到这句话时感觉体内有多少精力？"我指的是四种精力（情绪精力、生理精力、精神精力和目标精力），而不单指生理精力。如果按照1~10分的标准，你的回答会是多少？如果你自认为精力充沛、生龙活虎，那么请给自己打10分；如果你觉得自己身心俱疲，快要崩溃了，那么请给自己打0分。不要把这个分数想得太复杂，你并不需要参照任何标准来评估自己的状况，只要闭上眼，感受一下自己的精力水平就可以了。

我现在的分数是8.5分，你的呢？

大声说出你的分数，然后把它记录到纸上。接下来，我希望你能回忆一下今天早上起床的时候，你的精力大概处于什么水平？依然按照1~10分的标准回答这个问题，然后将答案写到纸上。对了，两小时前你的精力水平是多少？把这个的回答也写下来。

人们的精力水平在一天中会不断地上下起伏，这是个显而易见的事实。而问问自己为什么精力水平是不断变化的而不是固定的数字，也是个有趣的练习。

你到底做了什么，或者说在你身上发生了什么，导致你的精力水平发生了变化？你在哪里，因为什么损失了精力？是什么人/东西增加了你的精力？

只要能够做到在一天里不同的时间点测试自己的精力水平，然后回想一下不久之前做过的每一件事情，你就可以更好地理解哪些东西给予了你更多的精力，哪些东西从你身上夺走了精力。你接下来要做的是，尽可能多地去做能够赋予你额外精力的那些事情，以及尽量减少在削弱你的精力的事情上浪费时间和精力。我想，不用多说你也应该明白这背后的道理。

本章建议的精力行动

每天至少评估四次你的精力水平，然后把每天的精力水平记录到日志里。每次记录的时候都反思一下是什么原因导致精力水平升高或降低的。

次数	情绪精力	生理精力	精神精力	目标精力	总分	反思
第 1 次						
第 2 次						
第 3 次						
第 4 次						

务必学会熟练地在生活中运用这个概念。例如，在开会前评估并记下当时的精力水平，散会后立刻再测一次你的精力水平，看看这两次评估的结果有何区别，会上到底发生了什么导致精力水平产生了变化。接下来仔细思考一下，此次会议是增强还是消耗了你的精力，背后的原因是什么，下次开会的时候你可以在哪些地方改进。

第30章

享受生活中的每个时刻

我信奉的人生哲学之一便是尽力享受生活中的每个时刻。我不是那种一帆风顺的人。按照一般意义上的标准来看，我距离成功的人还差着很大一截。不过好在我会经常提醒自己去尽力尝试（享受生活），所以即使在工作不顺利，甚至处于人生低谷的时候，我也能从一堆烦心事里挖掘出值得开心的事，从而让自己比预想的更享受那个时刻。而这种方法自动给了我一个精力提升器。

每次我遇到别人的时候都会把这种方法推荐给他们，因为我对于“乐观的心态是最强有力的强心剂”这个概念坚信不疑。可惜的是，很多时候对方都会把我的话当作耳旁风，左耳朵听完立马从右耳朵出去。令我印象深刻的是不止一个人跟我说过：“理查德，你说的方法真的很棒，听起来很有道理，不过在实际运用的时候根本做不到……我每天都需要做很多我根本没办法享受的事，你就是在纸上谈兵罢了。”

对此我实在无法理解：“为什么呢？！”为什么你要浪费短暂的生命在不开心的小事上？人生短短数十年，为什么会选择留在原地让生活的乌云笼罩在自己头上，而不是尽力尝试给自己创造一片蓝天呢？在这里我强调的是尽力！

我认识的人也不算少，他们当中没有一个人不想拥有幸福长寿并且有意义的人生。你认识谁是不这么想的吗？

我猜你也不认识。这就对了！没有人想要一辈子郁郁寡欢。

我发现，一个可以有效地增强人们幸福感的方法是拥有以下两种态度：

- 第一种是做你享受做的事。
- 第二种是享受你所做的事。

做你享受做的事，意味着首先你需要理解自己喜欢什么，擅长什么，以及什么事情会给你带来精力。只有想清楚这几条，你才能想办法做更多自己享受做的事。

享受你所做的事，则意味着不论何时，都要看到事情积极乐观的一面。即使手头的工作十分无聊乏味、繁杂琐碎、复杂难办，也要尽量从中发掘值得开心的点。正如人生中所有的事情一样，多加练习才能更加熟练。

我想你应该曾经听过心理学中一句老生常谈的名言：你觉得杯子里的水是半满的还是半空的？（乐观主义者觉得水是半满的，而悲观主义者觉得杯子是半空的。）那么，我再补充一句充满哲理的禅宗格言：当房间烧成了废墟时，我看见了更皎洁的月光。

人生中遇到的所有事情，都蕴藏着积极的一面等着你来发掘。

本章建议的精力行动

虽然可能和前面章节里给出的建议重复了，但我仍然推荐你去尝试以下可以帮助你增添精力的动作：

- 尽力去享受每一天的每一刻，毕竟是你在掌控自己的人生。
- 做你享受的事，做得越多越好。
- 最后，不论是面对什么类型的工作，或身处什么样的境遇，都要享受手头正在做的事情。

第31章

“你的关键词”

你在上学的时候被同学起过外号吗？

我还在学校的时候，朋友们都叫我“收割机”；据他们说，这么称呼我是因为我作为足球队的中前卫略微“暴力”的踢球风格。在他们印象里，我就像联合收割机割麦子那样追着别人“切断”他们的腿。上帝啊！我向天发誓，我在踢球的时候从来没有弄伤过任何一个人……我不过是对待每次比赛都非常认真罢了。

而“认真”正是我会用来形容自己的关键词之一。

如果让你用一个词来形容自己，你会用哪个词？在阅读下面的内容之前，先花上两分钟仔细想想，选一个跟自己的气质匹配的词。

当然，就像我和其他人一样，你应该也拥有许多种不同的性格特质，不至于简单到可以用一个词来形容。根据我的经验，你在试着想出形容自己的一个词的时候，脑海中会有好几个词同时浮现出来。

每个词都有可能是“你的关键词”，是组成你的人格的一部分。现在，花一点时间把浮现在你眼前的所有的词都写下来。

举个例子，“我的关键词”包含以下这些词：

微笑	平衡	目标驱动
有决心	积极的	乐观的
热情的	守规矩	有活力
结构化	有干劲	注重人际关系

一旦你决定了专属于你的关键词都包含哪些词汇，请仔细地看看你写下的每个词，尽量让它们根植于记忆的最深处。这些词就是对于你的最好的描述，是你自己在脑海里的形象。毕竟，只有自己才最了解自己！

记得把你列出的关键词存在手机备忘录里，如果没有手机就写到一张纸上，每天随身携带。每当自我感觉身体渴望精力或自尊心需要增强的时候，就把“你的关键词”列表掏出来看看。列表里着重强调了你身上最强壮、最优秀的那一面……所以尽量维持这些优异的特质，让自己一直以优秀的人的身份示人吧！

你的关键词：

___

___

___

___

顺便说一句：不论是在公共场合还是在私底下交流，做自我介绍的时候别忘了用上“你的关键词”，因为它们可以最简洁、最全面地向别人展示你的形象。对了，制作简历的时候也要把这些词写上！

第32章

优秀的你

每当你照镜子的时候，你会不会都仔仔细细地观察镜子中的反射，将自己从头到脚打量一番？我指的不仅是观察自己的外表，而且是评判自己的内在的品质和心思。

你是如何看待自己的？你自认为是个什么样的人？你对现状感到开心或满意吗？你可以在绝大多数时候都坚持做“真我”吗？你会不会时不时地戴上伪装的面具，假装自己是另一个人，或在他人面前抑制住自己的本性？

不好意思，我可能一次性问太多的问题了，但是我依然希望你能够好好想一想这些问题。我说这话的目的是想告诉你：能够越多地做真实的自我，你在人生中才会更开心、更顺利、更成功。

每当你强颜欢笑假装自己过得很好，或戴上面具伪装成另一个人，而不是做真实的自己的时候，你的身体都会白白消耗大量的精力；而这不用说也知道，被分散的精力会限制你发挥真实的效力。

“正宗”这个概念在最近这些年里已经快被说烂了，人人都宣称自己是最正宗的，并且希望别人在做事时也能满足他们心中对正宗的期望。我想给各位泼个冷水：忘掉这些陈词滥调吧！不要为了达到别人心中的期望值而选择委曲求全，按别人的方法来做事。想要在工作和生活中感到快乐、幸福和成功，尽可能多地做真实的自己必不可少。想要做真实的自己，需要做到以下这些前提：

- 首先，你需要对自己感到满意——告诉自己你是一个优秀、独特的人类，拥有许多良好的品质和特长，当然也会有些许瑕疵。
- 其次，也是最重要的一点，不要满脑子担心别人可能对你的看法。我见过不少人做事的时候畏首畏尾，怕给人留下坏印象。这里我可以明确地告诉各位读者，趁早摆脱这种想法，因为没有人会时刻盯着你。

上面提到的第二点对许多人来说可能显得格外复杂，而且第二点跟第一点是相辅相成的。当人对自己满意的时候，也会变得更有自信，从而不再胡思乱想，过于在意别人对他的看法。

再送给你一个额外的小贴士：如果你每次和陌生人接触时，心里对于对方如何看待自己直犯怵的话，可以试着在脑海里幻想一下对方坐在马桶上一只手托着脑袋，另一只手玩手机的样子。你每天都会这样做吧，好消息，他们也会做同样的事！只要这样去想，你就会意识到没有人会对你“特别关注”，毕竟大家都是普通人，各自有不同的烦心事。有了这样的意识后，你便可以与对方公平地同台竞技，而你也可以更无拘无束地做自己。

本章建议的精力行动

- 特意告诉自己，今天不论遇到什么情况都要全力以赴地做自己。
- 明天接着重复今天的动作，后天也是，大后天也是……

好好享受做最真实的自己吧，好好享受做最优秀的自己吧！

第33章

笑掉大牙

你也许听过一句谚语："没有开怀大笑的一天，是被虚度浪费掉的一天。"但是你知道吗，与人分享开心的事除了会令自己身心愉悦，还可以增强体内的精力，并改善身体的健康状况。简而言之，自发的笑容可以刺激身体，让身体释放出特殊的物质，从而在生理和情绪两方面都做出改变。

除此之外，笑容还可以加强人体的免疫系统，给人带来积极乐观的态度，减轻人的痛苦，并让人体恢复平衡的状态。幽默则有着激发希望的能力，恰到好处的幽默感除了可以减轻你面对困境时的挣扎，还可以扩大你的交际圈，同时令你的思维更加敏锐，让你在做事时更为专注。

想想就觉得很神奇……这么厉害的资源竟然对所有人都敞开，而且最关键的是这样的资源竟然是免费的，只要想让自己大笑，就能笑得出来！

请容我列举一些更详细的放声大笑的好处：

- 大脑垂体会分泌出内啡肽（一种可以让我们感到快乐的天然的化学物质），增强了我们的正能量；
- 焦虑荷尔蒙逐渐减少，免疫系统慢慢恢复正常，我们的身体也因此变得更健康、更有恢复力；
- 坏情绪也随之消散……因为开怀大笑的时候很难会感到愤怒、悲伤或焦虑；
- 紧张的肉体也会开始感到舒缓，因为畅快地笑一次最多可以让肌肉放松45分钟；
- 笑完之后，看事情的眼光也会变得更为现实，因为自己的情绪和态度改变后，看待事物的角度也会随之改变。

请务必牢记，人天生就是开心的生物，开心地大笑是我们生命中不可分割的一部分；我们都应该感激上帝在创造人类的时候赐予了我们欢笑的能力。毕竟，不是所有生物都有幸能获得这份珍贵的礼物。不论我们处于人生中的高峰或低谷，都可以重新发现这份礼物；就像去健身房锻炼身体一样，时不时地让自己开心一下，这样即便遇到了再多的不快也能克服。

那么，怎样才能给自己的生活增添更多的欢笑呢？可以从推掉一些不开心的事，从生活中找找乐子，遇到好笑的事情的时候不要在意别人的想法，想笑就笑开始做起！

本章建议的精力行动

这里是一些教你如何利用“开心时间”的小贴士：

- 在视频网站上看到搞笑的视频就点一下收藏，每天无聊的时候就点开一个收藏的视频看看。
- 在网上浏览自己感兴趣的、能让自己“噗嗤”一声笑出来的段子。
- 和孩子们一起快乐地玩游戏，试着将内心纯真幼稚的一面释放出来；相信我，当个小孩玩耍真的无忧无虑。
- 做些无害的傻事。
- 没事的时候看一部喜剧电影或小品。
- 和朋友们一起去现场听相声。

- 多和能让你开心的人待在一起。
- 将身边发生的神奇的事情记录下来，把听到的搞笑的事/笑话也要记录下来……然后找机会把这些存货分享给别人，让他们与你一起开心。

最重要的是，在生活中不要太严肃。你得学会在犯错的时候或遇到窘境时自嘲；千万不要觉得自嘲会让你在别人心中的形象一落千丈，我发现，自嘲反倒有助于化解危机、消除压力。每天笑得越多，笑起来就越容易。坚持每天笑一笑，时间长了你就会发现，开心一笑已经成了你生活的一部分，是你遇到开心的事情时自然而然的反应。

从今天开始笑吧！让笑对人生变成你的人生格言。

第34章

让人精力满满的图片

我们作为人类，最幸运的天赋就是拥有了远比其他生物更强大的大脑。正是强大的大脑允许我们做出许多想想都觉得神奇的事情，如无比丰富的想象力。你可以闭上双眼，然后运用自己的想象力来将事情可视化，让记忆中的事情，尤其是曾经见过的人和经历过的事，以图像的形式呈现在脑海中。

当你容许积极向上、令人振奋的图像进入你的脑海中时，这些图像一定会对你的精力和健康感带来正面的影响。反之也是如此——悲观消沉的图像会给你的精力带来负面的影响。

那么，现在我就来介绍一个可以随时随地让你情绪积极乐观的简单方法。

花一小时（或者更多时间，依你的需求而定）来翻看一遍你手机里所有的照片。把那些被你翻到时能让你脸上挂上笑容，或让你感到强烈的温柔舒适感的照片挑出来，选20~30张最能给予你精力的照片，将它们归类到一个文件夹中。尤其是那些记录了特殊时刻的照片、家庭成员的照片、闺蜜挚友的照片或者自己的照片，只要一眼就能勾起你美好回忆的照片都不放过。

接下来，每当你想要给自己一个即刻生效的精力增强时，就可以打开这个文件夹，慢慢地仔细翻看每一张照片。每翻到一张就花点时间回想一下这张照片的背景以及背后的故事，好让照片将与之相关的正面回忆和感觉缓缓引出来。

这是一种简单却非常有效的提升精力的方法。慢慢享受翻看照片的过程吧，每当心情低落的时候就看看这些照片，回忆过去开心的岁月！

第35章

避开眼前的陷阱

你还记得第31章中介绍的“你的关键词”这个概念吗？就是那个由10~12个描述你的特点和你如何看待自己的词组成的列表。现在，重新看一遍你之前完成的列表，然后挑选出四个你认为最“强烈”的词，也就是撰写这个列表时你的脑海中冒出的前四个词。这四个词正是对你的工作和生活中最为普遍的几个特点的总结，这些特点至少从你的青年时期开始就与你如影随形了。

这些专属于你的关键词都是能带给你积极影响的优秀品质，然而，这些词有时候也会给你带来不受欢迎的负面影响。一般来讲，这种情况通常发生在你的某个特点表现得过于强烈的时候，或者你在特定场景下过度表现自己的特点，用年轻人的话说就是用力过猛。紧随着发生的便是一种被称作“陷阱”的行为。

这里，我想用属于我的四个词中的“目标驱动”来解释这个被称作“陷阱”的概念。“目标驱动”是个绝佳的品质，它曾经无数次地帮助我和他人实现曾经觉得不可能达成的目标。

你可以问问任何一位熟悉我的人：“理查德身上最令你敬佩的一个特点/品质是什么？”他们中的绝大多数人都会回答“他可以让事情实现，是被目标驱动、以结果为导向的”之类的话。

但是有的时候，我会过于沉浸于令我自豪的目标驱动的态度。我会被别人的夸奖蒙蔽了双眼，弄不清楚有哪些事真的需要实现；我为了维持自己的形象，会不惜一切代价来实现预定的目标，而且有时甚至还会逼迫我周围的人做同样的事。你可能已经猜到了：所有正在与我打交道的人都不喜欢这种用力过猛的行为。他们要不变得很急躁，要不表现得很沮丧，总之都会用负面的情绪来回应我。

所以，当你坠入“陷阱”后，结果往往是曾经被众人赞不绝口的好品质从给你带来正面影响的优势变为造成负面影响的劣势。而且，当你坠入陷阱后，你的负能量会越来越多，而不是像往常一样合理利用你的特长来激发正能量。

这里，我希望你可以花一点时间看看你的四个专属词，然后想一想它们各自有关的陷阱是什么样子。

本章建议的精力行动

这里是一些例子（品质——陷阱）：

- 有条理——过于死板
- 乐于助人——干涉过多
- 灵活善变——没耐心
- 做事独立——个人主义
- 待人谦卑——太软弱
- 做事果断——独断专行
- 目标驱动——固执己见

当你确认了你最强的四个品质及各自对应的陷阱后，试着观察你不小心踩到陷阱时的情况。记得事先和了解你、与你共处了很长时间的人（家人、朋友、同事等）约定好，让他们在发现你踩到陷阱后的第一时间通知你。

渐渐地，你会开始意识到自己什么时候正在落入陷阱，并学会在踏入陷阱前就分辨出潜在的陷阱。只要尽可能多地避开陷阱，你就会享受到最强的四个品质带来的积极影响和正能量。

第36章

生存还是毁灭

“生存还是毁灭？”这是一个问题，也是莎士比亚著名的戏剧《哈姆雷特》中的一句台词。呃，对不起，莎士比亚先生，我不是有意冒犯您，但是哈姆雷特的问题对我来说并不算是个问题……

因为对我来说除了“生存”没有别的答案。请容许我解释一下我的意思。

你制作过待办清单（To-do List），不论是在头脑里还是在纸上吗？就是将要做的事情按照轻重缓急的程度列个表。我经常制作这种待办清单，我想你肯定也制作过。不然，我们每天都要处理这么多事情，没有这样一个清单在手，一定会遗漏不少要做的事情。

我想请问一下，每当你完成了待办清单上的某件事情后，你内心会有什么样的感觉呢？是短暂的成就感，还是完成任务后终于不再有压力的解脱感？

话说回来，你有没有彻底将待办清单上的事情全部清空过？肯定没有吧！因为我们都知道，事情是做不完的，总会有源源不断的新事情等着被添加到待办清单里。而且，当你完成了排在第一条的最紧急、最重要的任务后，你肯定会紧接着将目光移到下一条紧要的任务上，不给自己留太多喘息的余地。

按照顺序将待办清单里的事项逐条完成是一种很守规矩的确保所有必要的事情都能被按时完成的方法。但是循规蹈矩地完成任务并不会给你带来任何的精力增强。事实上，待办清单只会让我们变得精神高度紧张，心里总是绷着根弦，甚至愤愤不平。

所以，我强烈建议你除了现有的待办清单外，还可以额外创造另一种类型的清单，我将它称为“未来目标清单”（To-be List）。未来目标清单聚焦于你对自己未来的规划，换句话说就是你想成为什么样的人。这个清单的目的并不是希望你变成完全不同的人，而是希望你能做真正的自己；清单里包含的是你想要拥有的品质、想要体验的感觉以及未来想要成为的人。

仅仅制作一个未来目标清单可不够，最好能够为短期、中期和长期目标分别制作对应的清单。

当你思考长期的目标清单里都应该包含哪些内容时，可以考虑下面这个问题：你希望你的家人、朋友和同事在你的葬礼上都对你说些什么？我知道很多人可能会对涉及生死的问题感到不适，但是这个问题可以很好地帮助你思考这一生到底想要成为什么样的人。

对于短期和中期的目标清单，你可以想想自己希望如何度过未来的几天/几个星期/几个月。

本章建议的精力行动

以下几个想法可以供你参考。

我想要变得（更加）：

- 健康
- 可靠
- 目的明确
- 充满活力
- 懂得感激
- 不随便评论他人
- 平和
- 开心
- 有注意力
- 考虑周到
- 关心人
- 宽宏大量
- 呵护他人
- 给人支持

列出一个属于你的目标清单，然后思考一下想要变成你梦想中的样子，都需要在哪些方面付出努力。把想到的点子写下来，然后抓紧时间行动吧。

记得要定期回顾一下你的目标清单，这样才能确保自己正在按照清单中的计划进步。当你辛苦工作了一天，疲惫地躺在床上准备入睡的时候，正是最理想的回顾你的短期目标清单的好时机。闭上眼静静思考，你今天过得怎么样？

当你的注意力聚焦于你想变成什么样的人，以及你想如何变成这样的人时，你一定会感觉每天身上都会被注入新的正能量。别忘了，你的生活质量是由你是什么样的人决定的，而不是由你的成就决定的。

注：作者在本章玩了一个文字游戏。本章的英文标题是“to be or not to be”，即我们熟知的“生存还是毁灭”。标题中的“be”一般译作“存在，生存”，而文中作者提到的“to-be list”这个概念中的“to-be”在文中是“变成，成为”的意思。作者借莎士比亚所著的戏剧中的著名台词引出了本章的主题，可谓非常巧妙。

第37章

更积极主动一点

人们在忙着处理那些无法被他们改变的事情时，体内的精神精力和情绪精力会以难以想象的速度流失掉。这类无法改变的事情正是最普遍的沮丧和烦躁的源头，因为通常来讲，人们对这些事只能干瞪眼，什么也做不了。

积极主动的人懂得重点关注他们可以施加影响的事情，而消极被动的人只会将精力白白浪费在超出他们掌控范围的事情上。有主动性不仅意味着采取行动或启动事项，还意味着敢于承担在待人接物时的责任。我们能够做出回应，而且我们有应对的能力，因为我们拥有按照自己的意识去应对任何情况的能力。

作为人类，我们可以用大脑将事情想清楚，而不是像没有进化的动物一样依赖于原始的刺激—反应模式。想要变得有主动性，你得能够谨慎地去选择回应，而不是依靠直觉。对于那些不懂得考虑自己该有什么样的反应的人，我们将其称为消极被动的人。这种人最喜欢将不顺利怪罪于别人或者外因，换句话说，这种人缺乏反应能力。

所有人都会偶尔感到沮丧和懊恼，这是人之常情，没有什么奇怪的。重点是你该如何应对既成事实。

本章建议的精力行动

这个简单的小练习可以帮助你提高应对能力，并且变得更加积极主动。

- 把那些你无法掌控，但是花费了许多时间去想、去讨论，甚至去抱怨的事情列举出来。例如，宏观经济环境，孩子想穿的衣服，年轻人的消费观，跨国公司的合并，同事处理工作时与你交流的态度，路上司机的素质，今天的天气等。

- 从列出的清单中选三件你认为最令你沮丧和懊恼的事情。正因为你无法对这些事情施加任何影响，改变不了任何事，所以关注这些事情只会浪费你大量的时间和精力。而人人都知道，时间用完不可再生，是人们最宝贵的资源。

______

______

______

- 回顾一下这三件事。仔细思考后再回答，你能想出任何可以改变或影响这三件事的措施吗？

______

______

______

- 如果有的话，你确定自己已经准备好耗费一番精力去试着改变那些事，并且愿意承担任何潜在的风险和可能的结果吗？

- 如果你的回答是肯定的，那就放心去做吧。

- 如果答案是否定的，那就别在这些事上浪费一丝精力了。
- 每个月都重复一次这个小练习。

当你学会把精力用在可以被你改变的事情上，而不是做徒劳的无用功后，你一定会提升的应对能力，还会变得更积极主动。除此之外，你会惊喜地发现，自己的压力水平降低了，而正能量却增多了。

第38章

释放体内的压力（1）

美国著名喜剧演员乔治·伯恩斯，在2006年以100岁的高龄仙逝。然而直到他去世前，他依旧在从事他热爱的工作。他曾说过："如果你问我长寿最重要、最关键的秘诀是什么，我只能说是避开忧虑、紧张和压力。即使你没问我，我还是会这么说！"

在当今社会里，绝大多数人都过着快节奏的、无时无刻不在与人沟通的生活方式。这种生活方式导致人们或多或少都会面对某种形式的焦虑。而这些焦虑正是人体内各式各样的紧张和压力的直接来源，它们除了让人感到压力，还会阻碍人体产生新的精力，不论是生理精力、情绪精力还是精神精力。

所以，如果这种负面压力是完全无法避免的，那么怎样处理这种压力才可以算最好的处理方式呢？

首先要做到的当然是能够意识到自己体内的压力。

紧张导致的压力会在身体的不同部位以各自的形式体现出来。我把这种现象命名为“压力陷阱”。压力陷阱主要出现在人的面部、脖子、肩膀、肺部以及臀部/腿部。

本章主要聚焦于最重要的压力陷阱，也就是人的面部。为什么说面部是最重要的压力陷阱呢？因为面部的压力对身体其他部位感受到的压力会有巨大的影响。成功释放面部的压力可以给你的大脑发送关键的指令，而接到指令的大脑则会给全身的器官发送信号，让它们解除紧绷的状态，彻底放松下来。

下面的两个练习可以帮助你缓解面部的压力。

脸部伸展

- 缓缓地深呼吸。
- 慢慢地用力伸展脸上的肌肉（你知道人脸上一共有43块肌肉吗？）。
- 确保你脸上的每块肌肉都在活动：不论是额头、眉毛、眼睛、脸颊，还是下巴、嘴唇和舌头。

- 把嘴张得越大越好，尽全力向下伸下巴，直到感觉快要脱臼了。强迫自己在脸上挂上能想象出的最夸张的笑容。让眉毛尽量向上翘，然后把舌头吐出来。把自己的脸扭成一团，做个鬼脸。做什么表情不重要，只要能让脸上所有的肌肉都最大限度地伸展开来。
- 维持住刚才摆出的表情，至少坚持一分钟。

脸部按摩

- 双手各伸出两根手指，分别放在两侧的下颌骨上（大概与你的嘴部平行，尽量向耳朵的方向靠拢）。
- 手指轻轻按在脸上，用指尖画圈，30秒一组按摩自己的脸部。
- 然后将手指移到太阳穴上（位于脑袋的两侧，眼睛的边上，大概处于额头和耳朵之间）。
- 像按摩下颌骨一样，给太阳穴做30秒的按摩。

刚开始的时候你可能觉得肌肉有些酸痛，不用担心，这是完全正常的生理反应。酸痛意味着按摩正在起作用，说明你长期紧绷的面部肌肉正在放松，脸上的压力也在逐渐消退。

只要每天至少做两次脸部练习，你就一定会感到身体变得更加平衡了，内心更增添了一份平静感。而且你会觉得体内充满了精力，生理、情绪和精神状态也会随之得到改善。

请牢记这一点：只要你的脸部放松了，身上其余的部位就会随之一起放松下来；而且不仅是你自己，你周围的人同样会感到放松。

第39章

释放体内的压力（2）

正如第38章里提到的，体内大量的精力都被浪费在了肌肉和关节中所谓的“压力陷阱”里。既然压力陷阱是抑制体内精力的罪魁祸首之一，我觉得应该再用一章的篇幅来探讨一下这个话题。

第38章主要讲述了如何释放脸部的压力。而本章则更进一步，帮助你去处理身上其他部位的压力陷阱。对每个部位我都准备了简单且有效的练习，这些练习除了可以释放压力，还可以增强体内的精力流动。

脖子

转动脖子

- 低下头，让下巴紧紧地顶住胸口；首先向右转头，直到脖子再也转不动为止；然后缓缓地向左转头，让头部画出一个标准的U字。
- 接下来反过来重复一遍刚才的动作，让头从左向右转动。

- 左右各重复5遍转动脖子的动作。

下巴后缩

- 身体站直后，向前伸出下巴，然后慢慢地让下巴向后缩回，直到你感觉到下巴轻轻地碰到喉咙为止。移动下巴的时候要确保下巴是与地面平行的而不是肆意上下晃动，不然锻炼效果会大打折扣。
- 重复10次这个练习。

脖子伸展

- 首先让右耳朵朝着右侧肩膀的方向移动，然后把右手放在左侧太阳穴的位置上，轻轻地使一点劲把头向右推，保持这个姿势至少30秒钟。用手推的时候别太用力，不然脖子会被你弄伤的。
- 接下来换一个方向重复刚才的动作。
- 每个方向至少伸展3~5次。

肩膀

绕肩膀

- 站直身子后，双臂放松，自然地下垂。

- 把肩膀按照向上、向后、最后向下的顺序绕一遍，动作务必流畅。重复10遍这个动作。
- 这一次把刚才的动作反着做一遍，肩膀先向上，然后向前，最后向下。这个动作同样做10遍。

活动肩胛骨

- 这个练习也需要站起来才能做。把双臂扭到后背的位置，然后双手互相紧握，朝着下方伸出大拇指。
- 挺起胸膛，让后背上方弯成一条弧线，接下来让两侧的肩胛骨互相靠拢。
- 保持这个姿势10秒钟。
- 现在把紧握的双手互换位置，如果刚才右手的大拇指在外侧，那就换成左手的大拇指在外侧，反之亦然。
- 坚持这个动作10秒钟。

肩膀旋转

- 背靠墙站直，双臂举到肩膀的高度。小臂以肘部为原点转动90度，以便双手朝着正前方伸出，大臂紧贴着墙壁。

- 肘部保持在刚才的位置，左臂向上抬，直到左手的手背碰到墙为止；同时右臂向下压，让右手的手掌也碰到墙。
- 缓慢地交替运动，左上右下之后换成右上左下。
- 按照30秒一组来做这个练习。

肺部/横膈膜

- 释放这个部位的压力，并借此获得额外精力的最有效的方式便是用“腹式呼吸法”深吸口气。关于腹式呼吸法的细节我已经在第15章里详细讨论过，所以这里便不过多地浪费篇幅。

臀部/腿部

臀部拉伸

- 腰板挺直地坐在椅子上，然后跷起二郎腿，把左脚脚踝放在右腿膝盖上。
- 身体向前屈，直到你感觉臀部有被拉伸的感觉。
- 保持这个姿势一分钟。

- 时间到了以后，双腿换一个方向，接着重复这个练习。

放松腿部

- 很多人坐着的时候会将双腿伸直，一条腿搭在另一条腿上，或者把腿向后弯曲，让双脚的脚踝互相交错在一起。他们可能觉得这些动作很舒服，让人在劳累的工作中获得一丝解脱，其实正相反，这样的坐姿最容易增加腿部的压力。正确的坐姿是双腿分开，让脚结结实实地踩在地上。

不论释放身体哪一个部位的压力都可以让体内的精力流动自动获得增强。定期做几遍这些练习，我敢保证你一定会感到精力更充沛！

第40章

更多的前戏

请你花几分钟想一想你为接下来的几个月规划的那些有趣的活动：给自己放个假，听一场音乐会，看一场话剧，拜访许久未见的老朋友，去酒吧夜店狂欢一晚，约同事一起团队建设，上一节以提升自我为主题的课程等。只要是你一直期待的活动就行。然后，把你想到的活动列个清单。

现在请你逐个看看刚才写下的活动，利用几分钟的时间在脑海中想象一下你参加每项活动时的样子。

在想象完每项活动之后，你的感觉如何？

如果你没有感觉到体内有额外的正能量涌出来，嘴角不由自主地微微上扬的话，我一定会惊讶到合不拢嘴。

所有人都会从对计划好的好事的期望中获得正能量，你和我也不例外。你从期待中获得的精力相比从活动的体验中获得的精力毫不逊色。

期望并不等于不切实际的幻想。幻想并不是基于即将发生的真实事情，而是基于有可能发生，也有可能不会发生的说不准的事情。相比之下，期望可以将你和即将发生的活动联系起来，而你则可以感觉到亲自参与活动时那种真切的体验。

当然，这一切的前提是你真的给未来的日子安排了有趣的活动。如果你之前从未在这方面做过安排，那么请立即着手行动，今天就制订几个活动计划。最好能够把脑海中的想法和计划都写到你的日记里，毕竟我们都是普通人，都很容易忘事。

至于这些活动，我认为最好能涵盖一个对你而言是全新体验的活动。可以考虑从你非常想尝试却一直没有机会体验的活动里挑选一个，如参加厨艺课、舞蹈／唱歌／乐器课，海边潜水，或者跳伞。不一定是特别冒险的活动，只要是能让你兴奋起来，而且心心念念许久的活动就可以。

科学证明，全新的体验是激励人类、使人充满精力最有效的方式之一。

你从期望中获得的额外精力可以强烈地刺激你的感官，让你的身体兴奋起来，从而释放大量的正能量。

我强烈推荐你拥有更多的“前戏”。

第41章

47分钟的会议

当下，绝大多数公司都有所谓的“会议文化”。员工们的日程表上充斥着各种会议，有面对面会议，也有电话会议。这些会议周而复始，永远看不到尽头。

通常来讲，没有人敢于违抗这些消耗了人们大量时间和精力的活动，主动站出来质问可否换一种更合理、更高效的形式来开会。我们只会把埋怨藏在心底，继续机械地参加会议。

我可以很肯定地说，你不会认为自己和与会的其他人耗费在会议上的每一分钟都物尽其用吧！绝大多数人都觉得会议的时间应该更加简短，参会的频率不需要那么频繁，有些会议甚至被取消也不会对工作造成任何不好的影响。这些无用却又冗长的会议不但浪费了人的时间，还让人白白损失了宝贵的精力。

话说回来，你有没有思考过，为什么我们开会时会把会议分成许多个30分钟左右的小段，每隔30分钟就中场休息几分钟?

最直接的答案是：因为我们一直都是这么做的，这么做是不成文的规矩。只要仔细回想一下便会发现，我们在安排会议时一般默认在准点或半点的时候开始和结束会议。曾经纸质日程本还很流行的时候，时间的划分都是以30分钟为单位的，因此人们在制订每日计划时便自然而然地按照日程本里的时间表来规划时间了。而微软的Outlook（邮件和会议软件）则进一步巩固了人们心中开会应该以30分钟为节点的印象——每次你在通过Outlook发送会议邀请的时候，系统都会自动建议将会议时长设定为最短30分钟。

这种观念给人带来的不良影响之一是，你会频繁地发现自己的日程表被连绵不绝的会议和活动填满了，丝毫没有喘息的空间。

想想就知道，想要在11点结束上一场会议，然后紧接着在11点开始下一场会议，从逻辑上来说是几乎不可能的事。即使有人拥有异于常人的旺盛精力，在面对这样紧凑的安排时也完全没有时间去回想和总结上一场会议的内容和得到的结论，除此之外，也没有办法提前为下一场会议做准备。

所以，我鼓励你去反抗和改变这种在你心中扎根已久的惯性思维。

举个例子，下一次轮到你主持会议的时候，你可以把会议的时长定为47分钟，或者任何你觉得合适的时长（不能是整数）；如果你收到了参加时长60分钟的会议邀请，那么就回复对方说你只能参与其中的47分钟。

这么做保证能让你得到对方或惊讶或疑惑的回复。引起对方的兴趣后，双方一定可以对如何更好地安排会议进行更深层次的讨论。

本章建议的精力行动

以下是我认为可以帮助打破现有的会议文化，并缩短和减少在会议上耗费的时间和精力的建议清单。

- 不要一收到会议邀请就立刻同意参会。如果你觉得自己没有必要参加这场会议，那么请问问主办方：为什么这场会议对我很重要？它能给我带来哪些益处？你们希望我能在会上做出什么贡献？可不可以找别人替代我参加这场会议？

- 就像上文中提到的，在安排会议时尽量缩短会议的时长，可以把时长定为47分钟、19分钟等。记得根据需要来调整Outlook会议邀请的时间段，还可以把这个方法推荐给其他主持会议的人。

- 尝试“站会”，让与会的成员在没有桌椅的地方站着开会。

- 每次快要结束会议的时候，记得整理会议概要、布置的任务、任务对接的人，以及截止日期。这个是每场会议结束时必备的流程，检查任务的完成情况也是在接下来的会议中优先要做的事。

- 要求所有人关闭电脑、手机和其他电子产品，并统一放在视线之外的地方（即使一对一的会议也是如此），除非需要用这些设备来播放幻灯片，进行视频会议或做其他对开会有帮助的事。

上面提到的每一个点子都有可能帮助你赢回更多的时间，从而让你可以更高效地利用自己的精力。找机会尝试一次吧，这么做绝对可以让你被一波又一波的正能量团团包围。

第42章

个人成长和贡献

我们每个人身上都有着相同的六种基本需求，正是这六种需求驱使着我们做出各种各样的举动和选择。换句话说，这六种需求给予了我们前进的动力。这些需求可以被分为两组：本能的需求和有目的的需求。

本能的需求如下：

- 确定性——对稳定性、可靠性和安全性的需求；
- 多样性——对刺激、变化和挑战的需求；
- 重要性——对本人认可、肯定和感激的需求；
- 连接性——对和别人沟通交流、爱与被爱的需求。

作为人类，我们生命中的每一天都在忙着满足这四种本能的需求。为了满足这些需求，我们不需要刻意去做任何事，因为我们天生就拥有想要满足这些需求的欲望。

有目的的需求则包含以下两种：

- 成长——渴望发展、提高和增强我们的个人能力和个人品质的需求；
- 贡献——想要对周围的人做出贡献，帮助他人以及无论程度的大小，让世界变得更美好的需求。

这两种有目的的需求对应你的情绪精力和目标精力。它们决定了你是能够获得长久持续的正能量，还是偶尔才能短暂地开心一下，以及你对自己的现状是十分满足还是充斥着不满。

我希望你可以思考一下你该如何满足自己的成长和贡献需求。

让我们一起先看一看成长需求。

你的成长需求蕴含着巨大的潜力，可以给你全身上下注入全新的想法和动力，使你渴望在生理上、情绪上、精神上以及目的上全方位提升自己，是所有人与生俱来的欲望。

需要明白的是，成长是一趟旅程，而不是一个终点。成长是一个持续的过程，因为没有人是完美的，人的身上总是会有可以提高的地方。成长不在于实现某几个目标，而在于敢于做最本真的自己，以及对自己身上一切不完美的包容。成长还在于不断地回想自己发现和学到的东西，以及探索自己想要成长成什么样的人。

本章建议的精力行动

请思考以下这些问题。

去年：

- 你在生活中的哪些领域里提升了自己？是如何提升的？

- 你和你所爱的人、亲朋好友、领导同事以及周围其他人的关系发展得如何？

- 关于人生和你想要如何度过人生，你都学到了些什么？

______

______

______

- 在接下来的12个月里，你想要在哪些领域继续提升自己？

______

______

______

看完了成长需求之后，让我们接着看一看贡献需求。

贡献需求源于我们期望自己的人生能够富有价值，渴望为社会做出一点贡献的基本欲望。可能听上去有点老生常谈，但是让自己体验多姿多彩的生活的方法之一便是懂得给予。

当你抽丝剥茧、剥开笼罩着人生的层层迷雾后就会发现，人生其实只在于创造价值，而创造价值的目的则是让生活有意义。而意义并不是来自你实现或得到了什么，而是来自你所做出的贡献。

想要满足自己的贡献需求并不困难，除了那些能够推动社会进步或改变历史进程的大事，像对每个人都报以微笑和帮助有困难的人之类简单的事情一样可以满足贡献需求。

本章建议的精力行动

回想一下你是如何做出贡献的。

- 你一般每天都会做什么事情来帮助他人获得更美好的人生？

- 详细地回忆一下你在上个月、上个星期和昨天都做出了哪些贡献？

- 为了给周围的人或者世界带来更多的价值，你还可以在哪些领域添一份力？

当你能够具体分析自己的成长需求和贡献需求，并且可以为了更好地满足这两种需求而做出相应的行动后，你便会发现，自己体内的情绪精力和目标精力水平都会获得令你惊叹的提高。

第43章

活在当下

当一个人独处的时候（无论是在家里、办公室还是旅途中），你会花费多少时间：

1. 畅想未来

2. 回忆过去

3. 思考当下

许多关于该主题的研究都得出了一个相同的结论，那就是绝大多数人在清醒的时候都会将一半左右的时间耗费在回忆过去或畅想未来上，而不是把时间用来思考当下正在发生以及正在做的事情上。而且，人们格外地喜欢幻想未来可能发生也可能不会发生的事情，这种现象我们称为“心智游移”（Mind Wandering）。

上一段中提及的研究结果还表明，当人们处于不受控制的心智游移状态，与专注当下的事情相比时，他们明显会表现得更加不开心，工作的效率也会更为低下。造成这种现象的原因是当人们的思维漫无目的地肆意发散时，脑海中出现的主要是噪声和干扰，以及恐惧、担忧和对未来的顾虑。

当然，有些时候心智游移也可以给人带来好处，特别是在创造力方面。白日梦往往可以给人带来富有创造性的想法，或者帮助人在个人和生活上实现新的突破。

不过话说回来，不受控制的心智游移对提高生产力不但没有帮助，甚至还会产生反效果。毕竟，你的思绪很容易就会在没有发觉的情况下陷入心智游移的状态里，更何况心智游移非常容易令人上瘾。而且，不受控制的心智游移除了是令人不愉快的体验，通常来讲对生活和工作也没有什么特别的价值，所以，这样的心智游移绝对不是你的精神精力应该用在的地方。

正如美国作家马克·吐温说过的：“我的一生中有过很多顾虑和烦恼，但是其中的绝大部分都从未发生过。”

想要平衡且有效地使用你体内精神精力的关键之一便是懂得如何把自己拉回到“现在”之中。

本章建议的精力行动

这里是一些可以帮助你的小贴士：

- 花几分钟来“腹式呼吸”。
- 做五分钟的体能锻炼，如四处走走，原地运动或者伸展一下胳膊和腿。
- 把内心的想法写下来，然后从客观的角度来重新审视它们。别把你的心智游移当作“真理”，因为它们并不是！
- 打电话给你的朋友，跟他们说说话。这样做可以打断你的思维链条，并且帮助你以更为长远的角度来看待事情。
- 去户外待几分钟，短暂地和自然接触一番；感受一下叶片的触感，盯着一棵树看看，或者观察野外的小动物。

这些活动都可以帮助你从“神游”中醒过来，重新回到当下的时刻。

我的建议是，你最好可以在发觉自己陷入心智游移状态时便立刻做几次上面提到的活动，一个或多个活动均可。渐渐地，你就可以学会更好地控制自己的思维，同时也能够感受到更多的精神精力。

第44章

正面的批判主义

当下，绝大多数人看到“批判主义”这个词都会产生负面的联想。

不过你知道吗？这个词原本是中性的，换句话说，批判既可以是贬义的也可以是褒义的。

所以，学会如何从正面的角度去批判可以给你和周围的人注入正能量，而负面地批判则自然会带来相反的效果。

有意思的是，人类似乎天生就格外倾向于从负面的角度进行批判。当我们在评估和批判他人的时候，我们会无意识地增大负面因素在我们心目中所占的比重，进而忽略了对方身上的一些正面因素。

现在你已经知道了人类会不由自主地从负面去批判他人，那么是时候告诉你坏消息了：负面地批判事物会令人产生诸如怨恨、敌意、哀愁之类的负面情绪。这些情绪会诱使你的身体分泌出包括皮质醇和肾上腺素在内的特殊荷尔蒙，而这些荷尔蒙则会对你的生理、情绪和精神精力都造成没有人想要的负面影响。

坏消息说完了，该说好消息了。你可以通过在批判他人时刻意地留意他们身上积极的方面来对抗自己的负面偏见。

当然，这并不意味着你可以完全忽视别人的短处。你需要做的是多加关注对方身上的优秀品质和特长，让这些正面因素与你的负面偏见相互抵消，这样才能把偏见造成的扭曲的认知改正过来。这种做法可以让你更平衡、更准确地分析和评判别人。

本章建议的精力行动

以下是可以或多或少消除负面偏见的方法：

- 在和某人接触之前，先想一想他们的品质、特长、成就，以及过去和他们在一起时有过的快乐的经历。
- 当你与他们对话时，尽量让对方积极正面的形象浮现在自己的脑海里。最好能够不断地让他们的品质和特长在你的脑中流动。

- 如果你是第一次接触某人，尽力强迫自己只关注对方身上正面的因素。

当你运用上面提到的方法时，你的语言和非语言沟通都会将正面的想法和图像反映在你的脑海中。

正面的批判主义除了是正面情绪的一大来源外，还可以帮助你与周围人构建起更良好、更健康的关系，同时对你的精力也有着重大的正面影响。

综上所述，我强烈推荐你去练习并掌握从正面的角度批判周围的人和事！

第45章

打破限制性信念

在成长的过程中，你一定会培养出各式各样的信念。有些信念极富价值且非常有用，可以为你在各方面都添一份力；而有些信念则会限制你的发展，妨碍你获得更充实的生活和释放自己全部的潜力。

简单来说，你的信念基本上可以等同于你对自己和对他人的假设与习惯性的看法，以及你认为在你的世界里事情该如何发展的预期。信念是那种当你知道自己非常确定某件事情意味着什么时那种胸有成竹的感觉。信念可以帮助你在面对充满了变数的未来时感到更加肯定、更有安全感。

因此，你一定会异常坚持自己的信念，不论它们在现阶段到底有没有真的在帮助你。

在本章里，我想要着重讲一讲你的限制性信念（Limiting Belief），也就是那些对你不但没有帮助，反而在拖你后腿，浪费了你大量精力和潜力的信念。这些信念基本上都是因为你过于相信某些事情，未能定期核查这些事情的真实性而造成的。随着时间的推移，这些事情在你的内心里潜移默化地变成了“真理”，而你也因此失去了质疑的能力和勇气，最终陷入了固定且狭隘的世界观里。

所以，最重要的莫过于能够理解信念不等于事实。古人都知道这个道理。马可·奥勒留（罗马皇帝、思想家）在《沉思录》中就说过：“我们听到的一切都是一个观点，不是事实。我们看到的一切都是一个视角，而不是真相。”

限制性信念会影响你的所作所为，而你的所作所为则决定了你的生活中将要发生的事情，而这些事情造成的结果继而会令你对限制性信念更加坚信不疑。整个过程就是个标准的自证预言（又称皮格马利翁效应，是指人会不自觉地按照已知的预言来行动，最终令预言发生），在这个预言中你便是自己最大的敌人。

如果你每天都在心里重复那些与你的限制性信念相关的老一套，那么这些信念自然就会一直成为你坚信的

“真理”。但是如果你能跳出之前的老一套，你就可以极大地改变当前的生活，并且释放出大量能让你掌控命运的精力。

这里，我希望你能够试着挑战、打破然后重置你的限制性信念。

闭上眼睛，深呼吸几次，然后尝试找出三个在你的生活中造成了不需要或负面后果的限制性信念。

现在睁开双眼，把这三个限制性信念写下来，同时别忘了把这些信念造成的负面后果也列举出来。

例如，我的三个限制性信念曾经包括：

1. 生命在于努力工作，所有的事情都属于我的职责，是我应做的。

2. 假如我想要成功，就需要把所有的事都做到完美、极致。

3. 我永远在忙碌，我一直抽不出时间来做……

一旦写完了你的三个限制性信念以及它们对应的负面后果，就把它们全部划掉吧。接下来在它们下面分别写下新的强化性信念（Empowering Belief）。

我的三个对应的强化性信念如下。

与限制性信念所想的相反，现实中的真相是：

1. 生活是有趣的，试着去享受每一天的每一秒吧。别人的事情应该由他们自己负责。

2. 我的生命中只有很少一部分事情真的需要做到完美。

3. 我有足够多的时间去做对我来说很重要的事情。我只是需要做出选择，根据优先级将事情排序。

当完成了这个练习后，你就可以利用这三个新的强化性信念来替代你的一部分限制性信念。记得要时不时地提醒自己这些新的信念，坚持每天都要应用几次。

只要能够做到持之以恒，你一定可以摆脱曾经的“老一套”，并创造出只属于你的“新一套”。这些新的信念可以帮助你释放出巨大的正能量，并且激发出你身上更多的潜能。

本章建议的精力行动

常见的限制性信念有：

- 我实在是没法相信任何人，因为我曾经遭遇过背叛。
- 我不敢去追求我的梦想，因为我害怕自己可能失败。
- 某件事导致我没法去做另一件事。
- 我缺乏意志力去……
- 我不值得被人爱。
- 我不敢靠近某人，因为我害怕被他拒绝。
- 我身上缺乏成功的必要条件（技能、态度等）。
- 我永远都做不到某件事。

第46章

像马一样挥汗如雨

在我小时候，每次我当着我妈妈的面说“我身上出了好多汗”之类的话时，我妈妈都会不厌其烦地说：“理查德，只有马儿才会出汗……人类只是分泌汗液罢了。”[1]

妈妈，真是不好意思了，在这里我必须鼓励读者多出汗，让汗液自由自在地从全身的毛孔里喷涌而出！

在工作或者约会时出汗的确会令人非常尴尬。打个比方，如果在参加问询会或者给客户做演示的时候汗如雨下，那么对方一定觉得你非常紧张，会影响他们对你的观感。而且，被汗液浸透了、紧紧贴在身上的衬衫以及额头上挂着的怎么擦也擦不干净的汗珠，也一定会让

1　作者在这里引用了一句英文谚语：“Horses sweat， men perspire。”这句话中的Sweat和Perspire均有“出汗、排汗”的意思；但是Perspire在使用上更加书面、正式，所以这句话引申的含义是，Sweat用来形容动物出汗，而Perspire则用来形容人类出汗。——译者注

你感到不适。

所以说，我并不是建议你在工作或者约会的时候出汗。我的意思是，你可以每周高强度地锻炼几次，让自己痛快地出几次汗。

为什么要出汗呢？因为出汗不仅能让身体释放额外的精力，而且能带来许多健康益处。

本章建议的精力行动

以下几条是出汗的好处：

- 增加胺多酚的分泌——锻炼导致出汗可以提高体内让你感觉愉悦的荷尔蒙的水平。
- 排出体内的毒素——出汗可以排出体内堆积的毒素和废物，如酒精、盐分、胆固醇和重金属等。
- 让毛孔舒张——适度地舒张毛孔可以让皮肤更健康，还可以预防青春痘和黑头。
- 降低感冒的概率——汗液里蕴含着一种抗微生物的肽（菌蛋白），这种物质可以消炎并预防感染。

- 缓解压力和焦虑——出汗可以激发体内所谓的副交感神经反应，这种反应可以减少压力荷尔蒙，从而帮助你放松，更好地消化并补充生理精力。

你最喜欢的能出汗的运动包含哪些呢？健身房锻炼、赛汽车、竞走或者慢跑……

不论是做哪种运动，重要的是适合你的基本情况。尽量在安排每周计划的时候给自己留出锻炼的时间，最好能够做到每周至少三次、每次20分钟高强度的锻炼。

高强度的锻炼除了可以让你获得上述所有的益处，还可以让你在每次锻炼时都享受额外的精力。

第47章

多听音乐

音乐的力量毋庸置疑。与其他的东西相比，音乐可以帮助你开发各种各样的情绪，并且促进大脑的发育。聆听不同流派的音乐可以帮助你构建并锻炼负责音乐部分的脑通路。而且，因为音乐对我们的心情有着正面的影响，所以很多研究都证明了音乐可以提高我们的学习能力。

最神奇的是，音乐还可以帮助人找回过去的记忆。当听到自己最喜欢的歌曲之一时，你经常会不由自主地回忆起与这首歌曲有关的时光和故事，就像坐时光机穿越了一样。

听音乐同时也是非常有效地增强自己各种精力的方法。充满活力、富有精力的音乐可以激发出精力旺盛的感觉，而安静舒缓的音乐则可以给人带来一丝放松和平静感。

我们每个人的音乐品位都各不相同，你最喜欢哪些流派的音乐呢？

按照自己喜欢的音乐类型，把喜欢的歌曲列出一个清单，然后在你平时听音乐的设备上创建几个包含5~10首歌曲的歌单，每个歌单分别对应一种类型的音乐。

本章建议的精力行动

我有5个歌单，每个歌单都用来激发不同类型的精力：

- 充满活力的精力（摇滚）；
- 平静放松的精力（原声吉他）；
- 抚慰人心的精力（轻古典音乐）；
- 温柔浪漫的精力（民谣情歌）；
- 令人开心的精力（雷鬼）。

创建歌单之后，你无论何时想要增强自己的某种精力，只需要掏出设备开始播放对应的歌单就可以了。

再教你一个小技巧：听音乐的时候，随着节奏表演空气吉他（假装演奏心里想的乐器）可以令你更好地沉浸在音乐的氛围里，从而增加更多的精力。跟着伴奏唱歌或者哼鸣，以及跟随音乐舞动也可以达到同样的效果。

多听音乐，然后享受跟随着音符一同流入体内的精力吧。

第48章

晚安，好梦

最保险和稳妥的恢复生理、情绪和精神精力的方法是晚上好好地睡上一觉。对于普通人来说，每天7小时是最理想的睡眠时间。

可惜的是，对于我们中的很多人，快速入睡并不是一件易事，睡眠质量也不甚理想，睡眠不但很浅，有时甚至刚刚睡着一两小时就会从梦中惊醒。在他们眼里，安稳睡一整晚简直是奢望。

这种情况背后的原因之一是我们的大脑里充斥着开环（尚未完结或还没有完全处理好的事项）。当你累了一天、好不容易躺在床上时，这些未完成的事情却依然占据着你的大脑，令你不得不耗费更多脑力和精力去思考。深夜里，这些烦心事不断地在你的脑海中回荡，让你无法静下心来入睡，大脑也因此无法获得充分的休息。

我想跟你分享一个简单却又高效地让自己快速、安稳地入睡，不会被心里活动打扰的方法。

这个方法的原理是首先重温你白天做过的事情，然后从中挑选出你认为是积极正面的那些事，不论这些事在你眼里是多么微小。

这些所谓的“正面时刻”可能以任意一种你能想象到的形式出现：发生在你或者周围人身上的事；一段令人愉悦、给人鼓励的对话；头一次尝试的新挑战；你赞赏别人的那个瞬间；你收到表扬的那一刻。

本章建议的精力行动

助眠方法如下：

- 当你躺在床上，最好是面部朝上、闭目时，把当天的经历像放映电影一样在脑海里回想一遍，从早上起床的那一刻开始。
- 在电影放映的途中，每当你发现了令你非常享受、能够给你带来正面感觉的事情，就先暂停下来，细细地品味这个“正面时刻”以及这个时刻激发出的各种情感。

- 然后继续按照刚才的方式将一天的感受放映一遍，直到你发现了另一个“正面时刻”。
- 当你的思绪开始走神，无法再全神贯注地观看电影时（别担心，你的思绪最后一定会这样），从早上醒来的那一刻开始重新再来一遍整个流程。
- 重温完你的一天后，接下来开始专注于回味刚才挑选出的“正面时刻”，按照它们发生的顺序再次感受每个细节。
- 如果你实在没有办法找出当天的“正面时刻”，那么也不用气馁，重新回顾一遍昨天的体验就好了。

很多人第一次使用这个方法就能睡得很安稳，其他人可能需要多练习几个夜晚才能逐渐体会到这个方法的效果。所以，即使你在初次尝试这个方法的时候发现没有作用也不要轻易放弃，只要坚持下去，你迟早会更快地入眠，睡得更深，睡眠质量相比之前获得巨大提升，而且你还可能做一些有趣又愉快的美梦。

祝你晚安，做个好梦，睡个好觉。

第49章

打破常规

从可以记事的年纪开始，我们就时常被教导要守规矩。我们的家长、老师、朋友以及其他人都在不断地给我们灌输他们认为用心良苦的建议，期望能够帮助我们更加安稳地度过一生。

在这些规矩中，有一些的确非常有用，如“别碰热锅”“不许偷东西”“己所不欲，勿施于人”“两个错误相加并不等于正确”“入乡随俗”“不要超速”等。

这些类型的规矩不仅很有用，还非常合理。你在遇到这些规矩时还是乖乖地遵守吧，毕竟这些规矩对你有利没有弊。但是，你每天遵循的规矩中其实有不少并没有你想象得那么有用。事实上，它们甚至会在生活中的特定领域里拖你的后腿，而且遵守这些规矩还会使你浪费大量的精力。

这一类规矩通常是由社会、朋友同僚、上级领导甚至你自己在潜移默化中定下的。虽然你并不清楚这些规矩背后的道理，但是你从未主动去质疑过它们，而是默默地接受和服从，因为其他人都是这么做的，你可不想表现得特立独行，对吧？

我希望你能够尽量多地列举出你所能想到的规矩，然后逐个决定你是否应该继续遵守它们。

本章建议的精力行动

为了给你一些启发，我准备了一些自认为应该打破的规矩：

- 避免失败——胡说八道！成功人士在获得成功前都要经历一次又一次的失败。人们从失败中学习，而后才能进步，所以从现在起不要再畏惧风险了。
- 等待最佳时机——这世上几乎没有最正确或最完美的行动时机。不要觉得现在不适合锻炼身体，或觉得现在不是辞职创业/与失联已久的老朋友重新建立联系的好时机。别再等待了，大胆地去做吧！
- 如果不事先做计划，那么你便是在走向失败——

并不是所有的事情都可以被完美地规划好。而且绝大多数的计划在实施的过程中都会遇到各种情况，最终的结果和最初的计划有偏差非常正常。对于有些事情来说，只要知道应该朝着哪个大方向努力，然后朝着那个方向迈出第一步即可。

- 追随他人的脚步——千万别这么做！不要重复做前人做过的事。你是独一无二的，想办法找出只属于你自己的道路吧。
- 找到高收入的好工作就等于成功——并不是这样的。你的成功由你来决定。幸福带来成功，而不是反过来的。
- 永远要有观点——这么做只会限制你从他人身上学习的能力。试试第四级倾听法吧。
- 做得好的地方不言自明——绝大多数人并不会知道你做了什么，除非你主动告诉他们。所以，多主动宣传自己做出的成绩吧。
- 别人怎么想很重要——不要这么想。别让自己陷入苦于追求他人认可的怪圈里。

- 面对冲突时毫不示弱地加以反击——这是让关系进一步恶化最有效的方法。种瓜得瓜，种豆得豆。面对冲突时各退一步，海阔天空才是让冲突降温的最好方法。

我非常肯定你可以想出更多在现实中没用，但一直在遵守的规矩。打破这些规矩，你就能感受到体内释放出大量的正能量和极强的自由感。

第50章

活出你的价值观

你个人的价值观就是你自认为在工作和生活中最重要的那些事项。它们就像指南针一样，指引你前进和成长。它们还可以帮助你决定哪些事情需要优先解决，以及做各式各样的决定……换句话说，正是这些事情决定了你的性格和品质。

你的价值观对你的精力和感受同样能造成巨大的影响。当你的言行与价值观一致时，你一定会感觉生命真是美好，当下的生活状态也是十分充实、令你满意的。

但是假若你的生活方式与你的价值观不匹配，你必然会感到一股强烈的冲突感将平衡的生活扰乱，内心也充斥着沮丧，甚至感觉不幸福。

价值观在我们的童年时期便开始逐渐成形了。我们的父母长辈、家庭教养、教育背景、好友同僚乃至成长经历都对我们价值观的形成贡献了各自的一份力。一般来讲，价值观成形之后便非常稳定，虽然也有不小的概率会随着个人成长而进化或改变，尤其是当你经历了改变人生的大事件，如成家或生子时。

所以，时不时地回顾并反思自己的价值观，检查一下它们是否还与你认为最重要的事情保持一致非常有必要。

你知道自己最核心的5~10个价值观有哪些吗？

以下是可以帮你发现并确认自己价值观的流程。

第一步

回忆一下你的工作和生活，找出你认为自己（最开心、最富有活力、最充实、最满意、非常自豪）的时刻。把这些时刻写下来。

第二步

你在经历这些时刻时都在做些什么？是什么因素使

你感觉开心、富有活力、充实、满意和自豪？别忘了把回答也记录下来。

____

____

____

第三步

- 在网上找一个包含50~200个个人价值观范例的清单。
- 回想一下你在第一步和第二步中写下的内容。为什么这些时刻和经历对你来说很重要？
- 从网上找到的价值观清单中挑选出与你认为重要的时刻和经历相匹配的那些价值观。这便是属于你的价值观清单初稿。

第四步

将刚才列举出的价值观清单里包含的价值观缩减到最多不超过10个。你可以试着把很多类似的价值观归类至一个更宏观的价值观旗下。举个例子，我就把独立/

自由／冒险／自力更生／独一无二这几个词总结成了一个我称为自主的价值观。

当你确定了最符合自己的5~10个价值观之后，在日后的生活中面临各种抉择时你就可以用它们作为参考，根据自己的价值观来做出令自己问心无愧的决定。

记得时不时地回顾一下这个清单，检查自己平日的所作所为有没有偏离自己的价值观。

要学会相信和信赖自己的价值观。在你真正做到“实现自己的价值观”以后，你一定会觉得自己更幸福，对生活更满足，身上的精力水平更高。除此之外，你还会感到生活中的冲突、失望、压力和焦虑都在逐渐消失。

反侵权盗版声明

举报电话：（010）88254396；（010）88258888

传　　真：（010）88254397

E-mail：　dbqq@phei.com.cn

通信地址：北京市万寿路 173 信箱

　　　　　电子工业出版社总编办公室

邮　　编：100036